잠시만 살아볼까 꿈꾸던 해외,

김잭의
해외생활안내서

목 차

프롤로그 : 내가 이 책을 쓴 이유

떠나기 전에

015 : 나가서 무엇을 해야 하나요?
023 : 어느 나라로 떠나야 하나요?
026 : 언어는 어떻게 공부해야 하죠?
034 : 버킷 리스트 작성하기
041 : 외국에서 우리나라를 소개하려면...
047 : 외국에 대한 정보는 어디서 얻나요?
056 : 외국을 나가려면 무엇이 필요한가요?
061 : 국가 선택 후 해당 국가 내에서는 어디로?
073 : 비행기표와 숙소는 어떻게 구하나요?
080 : 돈은 얼마나 준비해서 가야 하나요?

목 차

084 : 외국에서는 어떤 신분증을 사용하죠?
088 : 보험을 가입해야 하나요?
092 : 꼭 필요한 준비물이 있나요?

해외에서

097 : 휴대폰은 어떻게 한국처럼 쓸 수 있나요?
101 : 은행계좌는 어떻게 만들어야 하나요?
105 : 장기로 머물 숙소는 어떻게 구하나요?
114 : 외국에서 운전은 어떻게 하나요?
121 : 아플 때 약국이나 병원은 어떻게 이용하나요?
125 : 생필품을 외국에서도 살 수 있나요?
128 : 일을 구하려면 필요한 게 있나요?
130 : 비상상황이 발생하면 어떻게 해야 하죠?

목 차

132 : 농장은 어떤 곳인가요?

136 : 음식은 무엇을 먹나요?

140 : 쇼핑은 어떻게 해야 하죠?

143 : 미용실은 어디를 이용해야 하나요?

145 : 집으로 짐을 부치고 싶으면 어떻게 해야 하죠?

149 : 현지에서 어떻게 언어공부를 하나요?

152 : 일자리는 어떤 것이 있나요?

158 : 일자리 어떻게 구해야 하나요?

163 : 이력서 / 자기소개서는 어떻게 써야 하죠?

169 : 인터뷰(면접)는 어떻게 준비하나요?

172 : 외국에서 일할 때의 겸손함에 대하여...

175 : 비자를 연장하려면 어떻게 해야 하나요?

목 차

생활을 마무리하며

181 : 은행계좌와 유심은 어떻게 폐지해야 하나요?
183 : 머물던 집은 어떻게 정리해야 하나요?
186 : 세금 환급은 어떻게 해야 하나요?
188 : 외국인 친구들, 어떻게 연락을 주고 받나요?
190 : 해외생활이 취업에 도움이 될까요?
193 : 해외에서 다시 일하고 싶으면 어떻게 하죠?

에필로그 : 해외생활을 준비하는 친구들에게

내가 이 책을 쓴 이유

3번에 거쳐 4년 간 뉴질랜드와 호주에서 살았습니다.

현재는 한국의 졸업한 모교 근처에서 1인 카페를 운영하고 있습니다. 한국 직장인의 가장 많은 꿈 중 하나가 퇴직 후에 나만의 작은 카페를 운영하면서 시간을 보내는 것이라고 합니다. 저는 조금 일찍 그런 카페를 시작해서 운영하고 있고 손님들과 즐거운 추억을 공유하고 있습니다.

(운영하던 카페에 대해서 호기심이 생긴다면 동네 서점이나 인터넷 서점에 '꿈꾸던 카페, 일단 시작해봤습니다'를 검색해주세요. 이 책이 나오기 얼마 전에 저의 첫 책으로 나왔습니다.)

대학가에서 일하기 때문인지 학생들이나 젊은 청년들이 자주 방문합니다. 작은 가게인만큼 손님들과 보다 친밀한 대화를 나누고 마음이 맞는 고객들과 단골로 인연을 이어갑니다. 학창시절 제가 방문하고 싶었던 단골가게를 꿈꾸면서 운영하기 때문일까요. 단골들 모두 저의 가게를 아지트처럼 드나듭니다.

손님들에게 제가 겪었던 해외생활에 대한 이야기를 들려 줄 때마다 모두가 반짝이는 눈으로 귀 기울여 듣고 동경에 빠져듭니다. 단순히 자랑하기 위해서 이야기하는 것이 아니라 어린 나이에 해외 생활을 겪어보는 것이 살아가는 데에 있어서 필요한 변화와 도움이 될 거라는 생각에 추천하기 위해서 종종 언급합니다. 대화의 끝에서 외국에서의 삶을 추천해 보지만 대부분 돌아오는 것은 아쉬움이 담긴 대답들입니다.

한국의 학생들이나 젊은 사람들은 해외생활을 본인들이 앞으로 들어가게 될 회사나 공무원 생활에 있어 그 시기를 공백기간으로 여깁니다. 외국생활은 부럽고 즐겁겠지만 그만큼 주위 또래들이 취업이나 시험을 준비하는 동안 자신이 뒤처지게 된다고 생각하기 때문입니다. 그 생각들에 동의하지는 않지만 인생이란 게 정답이 없는 것처럼 누가 맞는 지는 명확하지 않습니다.

 그럼에도 불구하고 이 책을 쓰게 된 이유는 한국 내에 다른 곳에서 비슷한 이유로 고민하고 있는 친구들에게 작은 도움이 되고 싶었기 때문입니다. 인터넷에는 많은 정보가 넘쳐 흐르지만 지나친 정보는 오히려 무엇부터 어떻게 준비해야 할지 고민하는 이들에게 혼란만을 줍니다. 이 책을 통해 간접적으로나마 가이드를 제시해주고 싶었습니다.

 저의 경우에는 외국에서 살아보기 전과 살아본 후 세상을 바라보는 관점이 많이 바뀌었습니다. 타인에 대한 문화적 존중이나 관용적인 태도, 한국에서 살게 된다면 보편적으로 가질 수 밖에 없는 수많은 편견들이 허물어졌습니다. 한국에서의 나, 어떤 나이 대의 나, 사회가 바라보는 다양한 시선에서의 나에서 자유로워지고 스스로를 마주할 수 있었습니다.

 앞서도 언급했지만 인생에서 정답은 없습니다. 한국에서 또래들과 경쟁하고 발전을 이루어 나가는 것 역시 하나의 답이 될 수 있을 겁니다. 다만 잠깐의 해외생활이 그 트랙에서 크게 벗어나는 건 아니라고 이야기하고 싶습니다. 그 기간은 당장에는 큰 격차가 생기는 것처럼 느껴지더라도 나중에 돌아보았을 때는 아주 잠깐의 시간이며 오래도록 기억될 추억이 될 겁니다.

 확실한 건 외국생활을 경험하면 작든 크든 세상을 바라보는 관점이 바뀐다는 것입니다. 그 변화가 아직 젊은 나이에 이루어진다면 남은 삶을 살아가는 데에 있어 작은 각도가 결국에는 큰 변화가되어 버리듯이 다른 형태의 삶으로 이어질 수 있다는 것입니다.

떠나기 전에

나가서 무엇을 해야 하나요?

 해외생활관련책이나 영상, 경험자의 조언을 들어보면 해외에서 달성할 목표를 크게 3가지로 분류합니다.

언어 / 여행 / 일(돈 혹은 경력)

하나씩 짚고 넘어가 보겠습니다.

- 언어

 개인적으로 해외에서 언어를 배우고 향상시키는 방법은 추천하지 않습니다. 많이 하는 착각으로 외국에서 무작정 부딪혀보면 영어실력이 늘 거라는 생각합니다. 그러나 자주 쓰는 대화나 필요한 몇가지의 패턴을 습득할 수는 있겠지만 그런 부분 마저도 개인적으로 받아들일 수 있는 기반을 준비하지 않는다면 습득이 어렵습니다.

다른 선택지는 해외에 가서 어학원을 다니는 방법인데 이것 역시 추천하지 않습니다.
어학원을 해외에서 다닌다는 것이 새로운 친구를 사귀는 좋은 기회가 될지는 모르겠으나 비용과 강의 수준을 생각해보면 한국에서 다니는 게 훨씬 저렴하고 수준이 높습니다. 찾아보면 우리나라보다 학원수준이 높은 나라는 찾아보기 힘들다는 걸 알 수 있습니다.

실제로 해외어학원을 다니는 외국인들은 친구를 사귀는 목적과 여유롭게 여행할 수 있는 학생비자 때문에 등록한 학생이 대부분입니다. 학생으로 있으면서 그 나라를 여행하고 다른 나라에서 온 친구들을 사귀는 것이죠. (한국에서는 드문 방식이지만 외국에서는 휴가를 월 단위로 쓸 수 있거나 휴식기를 가질 수 있는 제도가 있습니다 나이를 불문하고 이런 시기를 활용해

외국에서 생활하다 돌아가는 사람들도 많습니다)

 이런 목적으로 가는 거라면 괜찮은 생각이지만 단순히 어학실력 향상을 목표로 할 경우 비효율적인 방법이 됩니다.

 영어실력을 늘리는 데에 있어 굳이 어학원을 다닐 필요는 없다고 생각합니다. 유튜브나 인터넷에는 실제로 어학원보다 수준 높은 팟캐스트나 강의가 넘치고 저 또한 그런 매체를 통해서 언어실력을 키운 후 외국을 나갔습니다. 외국에 나가서 언어를 쓴다는 건 그렇게 익힌 기능을 활용한다고 생각합시다. 한국에서 앞서 언급한 매체를 통해서 공부를 하는게 운전면허를 따는 거라면 외국에서 그 언어를 쓰는 건 실제로 운전을 하는 거라고 말한다면 괜찮은 비유처럼 느껴질까요.

- 여행

 여행을 하는 건 충분히 추천하고 싶은 일입니다. 일반적으로 20대 때가 아니면 자유롭게 여행할 수 있는 순간이 인생에서 많지 않습니다. 워킹홀리데이나 교환학생, 어학연수를 편하게 떠날 수 있는 나이가 20대입니다. 그 시기는 앞으로는 초중고라는 한국의 의무교육을 마친 상황이며 보통은 대학생이나 청년인 시점입니다. 그 시기 뒤로는 어느 직장이든 자기만의 분야를 개척하고 일정기간 고정된 직장에서 경력을 쌓아야 하는 시기입니다.

 직장인이 된 지인들을 보면 늘 해외여행을 다녀오고 싶어하고 실제로도 무리해서 휴가를 붙여 나갑니다. 하지만 이 경우에는 억지로 붙인 휴가인지라 좋게 말하면 알차게, 다르게 말하면 빠듯한 일정으로 여기저기를 다니게 됩니다.

 우리가 영화나 책에서 보는 느긋하고 성찰적인 여행의 기회는 20대의 순간이 아니면 쉽게 가지기 힘듭니다. (누차 이야기하지만 불가능한 건 아닙니다) 이 기회를 통해 자유롭고 성찰적인 여행을 즐겨보세요.

- 일 (돈 혹은 경력)

 해외에서 일을 하는데 있어서는 다양한 방향이 있습니다. 아직 무언가 전문기술을 숙련할 나이나 경력이 쌓인 시기가 아니기 때문에 일을 구함에 있어서 목적은 2가지로 나누어 볼 수 있습니다.

 첫째는 많은 돈을 버는 것. 이 경우에는 도심에서 여러 가지 일을 하기 보다는 보다 더 시골로 들어가서 농장이나 공장을 가는 것도 방법입니다. 찾아보면 알겠지만 농장이나 공장에서의 임금이 도시보다 훨씬 높다는 걸 알 수 있을 겁니다. 그 이유는 현지인들도 꺼려할 만큼 힘든 일이기 때문입니다.

 다만 여기서 얻을 수 있는 이득이 몇가지가 있는데 그런 곳에서 일을 3개월 이상 할 경우 호주나 뉴질랜드의 경우 워킹 홀리데이 비자를 연장할 수 있는 기회를 준다는 것과 도심과 떨어져 있는 인프라가 없는 시골에서 반강제적으로 돈을 절약할 수 있다는 겁니다. 시간이 지나보면 꽤나 큰 돈이 모여 있을 겁니다.

 저도 공장에서 일하던 기간동안 꽤 돈을 모으기도 했고 당시 같이 일하던 친구 중에 2년을 채워서 일한 친구는 2억 정도를 모아 한국에서 무엇이든 시작해 볼 자본금을 마련 했습니다.(이 경우 몸이 지나치게 혹사되기도하고 다른 경험을 할 기회가 적습니다.) 또 어떤 친구는 1년동안 3천만원 정도를 모아서 워킹홀리데이 후 1년동안 해외를 떠돌며 여행하기도 했고요.

 두번째 목적으로는 한국에서 해보지 못했던 일에 도전해보는 것입니다. 외국은 직업적 다양성이 존중되고 학력이 크게 중시되지 않습니다. 때문에 한국에서는 호텔리어나 크루즈 승무원이 되려면 관련학과를 나오고 여러 과정을 거쳐야 하지만 외국에서는 경력직을 뽑는게 아닌 이상 본인이 인터뷰를 보고 담당자 판단 하에 뽑기 때문에 학력은 크게 문제가 되지 않습니다.

 앞에서 언급한 직업군이 아니더라도 다양한 직업군에

도전해 볼 수 있습니다. 바리스타나 요리 쪽도 마찬가지입니다. 한국에서는 초중고를 졸업한 후 주어진 선택지 내에서 관련학과로 진학, 취업의 순서를 가장 많이 밟습니다. 이런 방식이 나쁘다는 것은 아니지만 스스로 알지 못했던 선택지가 있다는 것을 이 기회를 통해 확인할 수 있습니다. 스스로 다양한 방향을 알고 그 길을 선택하는 것과 일방적으로 주어진 길을 따르는 것에는 차이가 있겠죠.

 다양한 길이 있다는 것을 알게 된다면 당신의 인생은 180도 달라질지 모릅니다. 크루즈 승무원을 경험했던 친한 동생은 워킹홀리데이 이후에 진로를 그 방향으로 잡고 경력을 활용해서 현재는 북유럽 쪽 크루즈 승무원으로 일하고 있습니다. 호주에서 능력 있는 바리스타로 성장한 친구들은 한국에서 누구나 알 만한 자기만의 색깔을 갖춘 카페를 운영하고 있습니다.

 이 기회를 잘 활용한다면 여러분도 스스로가 하고 싶은 일이 무엇인지 확인하고 나아갈 수 있을 겁니다.

어느 나라로 떠나야 하나요?

 기본적으로 비자승인이 되는 나라는 어디든 가능합니다. 하지만 다양한 문화를 경험하고 싶다면 국제적으로 교류가 활발한 나라가 좋겠죠? 그렇기 때문에 우선적으로 워킹홀리데이나 학생비자승인이 가능한 나라들을 추천드립니다. 워킹홀리데이국가에 대해서는 우리나라 외교부 홈페이지에서 확인 가능합니다.

 우리나라는 현재 23개 국가 및 지역과 워킹 홀리데이 협정 및 1개 국가와 청년교류제도(YMS) 협정을 체결하고 있습니다. 우리 청년들은 네덜란드, 뉴질랜드, 대만, 덴마크, 독일, 벨기에, 스웨덴, 아일랜드, 오스트리아, 이스라엘, 이탈리아, 일본, 체코, 칠레, 캐나다, 포르투갈, 프랑스, 헝가리, 호주, 홍콩, 스페인, 아르헨티나,

폴란드 워킹 홀리데이와 영국 청년교류제도(YMS)에 참여할 수 있습니다.

 개인적인 추천으로는 영어권 국가, 그 중에서도 특히 호주와 캐나다를 추천합니다. 영어권 국가를 추천하는 이유는 다른 나라의 경우에는 그 나라의 언어를 사전에 미리 익혀야 하는데 어렵게 익힌 언어가 해외생활 이후의 인생에 있어서 영어권 국가보다 활용성이 떨어집니다. (물론 그렇기때문에 그 언어에 대한 희소성과 특수성을 가진 괜찮은 전략이 될 수도 있습니다.)

 그 중에서도 특히 호주나 캐나다를 추천하는 이유는 그 국가들의 경제를 움직이는 주체가 외국인이기 때문입니다. 호주나 캐나다의 경우 대표적으로 이민을 선호하는 국가이고 나라들 자체에서도 이민사업을 장려하고 있습니다. 그 주된 이유로는 자국인만으로 나라의 경제를 회전시키기가 어렵기 때문입니다. 한 예로, 두 나라 모두 이번 코로나 사태로 많은 도매소매점이나 자영업가게들을 봉쇄하면서 자국민을 보호하는 조치를 취했고 그에 반대급부로 외국인들을 자의 반 타의반으로 본국으로 방출하게 되었습니다. 때문에 현재 코로나 이전으로 복귀하는 과정에서 심각한 인력난을 겪고 있습니다.

 그 때문에 워킹홀리데이나 학생비자 신청을 통해서 자국으로 들어오려는 사람들에게 비자비용을 면제해주는 등의 여러 혜택을 제공해주고 있습니다. 반대로 같은 영어권 국가의 경우라도 영국이나 뉴질랜드, 아일랜드 같은 나라들은 경제의 기반이 자국민으로 구성되었기에 비교적 별탈없이 경제가 움직입니다.

 이런 차이점은 외국인이 그 나라에 들어가서 할 수 있는 일의 종류와 가능성이 더 다양하다는 것을 의미합니다. 또한 일을 함에 있어서도 조직 내 외국인에 대한 배타성의 강도가 다르게 나타납니다. 이것은 비단 영어권 국가 뿐만 아니라 워킹홀리데이가 가능한 다른 언어권 나라들도 포함이 되기 때문에 첫 해외생활의 시작은 호주나 캐나다를 권장합니다.

언어는 어떻게 공부해야 하죠?

 다른 해외관련 책에서 해외생활에서의 어학연수 실패를 간단하게 도식화 한 내용이 있었는데 수많은 이들을 지켜보고 경험해 본 결과 큰 공감이 갔습니다. 아래와 같은 내용입니다.

[떠나기 전 언어공부를 게을리하고 어디로 갈지만 고민함 - 언어능력이 부족하니 가자마자 자괴감에 빠짐 - 외국인친구나 원어민과 어울리지 못하고 외로워짐 - 마음 둘 곳이 없어 비슷한 처지의 한국인과 어울림 - 시간과 돈만 낭비한 후 무의미한 시간을 보냄 - 한국 귀국 후 시간이 경과해 언어실력이 낮아졌다고 핑계를 댐 - 실제 언어능력이 부족해서 취업이나 언어사용기회에서 경력을 숨김 - 돈과 시간을 투자해서 보냈던 지

난시간에 대한 회의감으로 자기비하에 빠짐]

 사람들은 외국에 나가서 생활하고 부딪히다 보면 영어실력은 자동적으로 향상될 거라 생각합니다. 거기에 대한 생각을 바꿀 필요가 있습니다. 외국에 나간다고 해서 지금의 내가 아닌 다른 사람이 되는 것이 아닙니다. 물리적인 공간이 바뀌고 밖을 나가면 영어에 노출되고 써야만 하는 상황이 발생할 뿐 기본적으로 영어를 주고 받아야하는 개인은 지금의 나입니다.

 그렇다는 건 지금의 내가 영어로 주고받을 수 없다면 외국에서의 나도 그렇다는 것입니다. 저는 처음 외국생활을 할 때 언어 실력이 너무 없어서 크게 고생한 후, 외국생활을 하던 방에 틀어박혀서 컴퓨터로 영어공부만 계속했습니다. (실제로 부딪히며 늘려 가기에는 너무 실력이 부족했기 때문이죠) 그 기회를 통해서 영어가 일정부분 늘기는 했지만 이와같은 방법은 한국에서도 충분히 할 수 있었을텐데 아까운 외국에서의 시간을 낭비했었다는 후회가 항상 있습니다.

지금 시대는 비록 실제 외국이 아니더라도 유튜브나 팟캐스트, 각종 강의, 영상, 영화 등으로 본인의 결심만 있다면 24시간 영어에 노출되는 환경을 구축할 수 있습니다. 외국에서 우리가 자유롭게 대화를 주고받기 위해서는 한국에 있는동안 일정시간 인위적으로 그런 시간을 만들 필요가 있습니다.

먼저 강조하고 싶은 점이라면 외국어 능력은 여러분의 생각보다 단기간에 향상된다는 것입니다.

제가 중고등학교 시절 영어수업시간에 선생님들이 영어나 언어 같은 것은 하루 아침에 완성되는 것이 아니고 6개월 정도 꾸준히 공부하면 어느 순간 늘어 있다. 이런 식의 이야기를 많이 했습니다. 즉 실력향상이 무조건 계단식으로 이루어진다는 말이었습니다. 영어교육법을 공부한 선생님들의 말이니 당연히 진리처럼 생각하며 살았었습니다. 근데 시간이 지나고 외국생활 등에서 수없이 부딪히며 깨달은 부분은 그 말이 거짓말이었다는 것입니다.

알파벳을 읽을 수 있고 단순한 영어단어를 읽을 수 있는 수준이라면 한두달을 꾸준히 준비할 경우 외국여행과 구직활동을 할 수 있는 수준은 누구나 도달할 수 있습니다. 이렇게 이야기하면 대부분의 사람들은 공감하지 못하고 말도 안된다는 식으로 바라봅니다.

 여러 가지 이유가 있겠지만 한국사람들은 영어를 너무 학문의 영역이나 시험에 한정해서 생각합니다. 때문에 토익 3개월, 6개월 공부하면 몇 점, 토익 점수가 높으면 영어를 잘하는 사람, 낮으면 못하는 사람. 이런 식으로 쉽게 정의하죠. 그런데 경험상으로 토익 점수가 아무리 높아도 외국에서 한마디도 주고받지 못하는 사람들이 수도 없이 많다는 것과 토익 같은 건 공부해 보지도 않았지만 외국인들과 자유롭게 대화를 주고 받는 사람들 역시 수 없이 많다는 것입니다.

 영어에 대한 영역을 '시험. 학문'으로 여기기 보다는 앞에서 언급한 것처럼 운전면허와 같은 '기능'의 영역으로 사고를 옮길 필요가 있습니다. 운전면허를 취득한 지 얼마되지 않았을 때는 운전이 미숙하지만 그 시간이 반복되고 어느정도 시간이 지나면 자연스럽게 차를 운전할 수 있는 것처럼 말이죠. (운전연습을 하면서 카레이서가 되는 훈련을 하는 사람은 없겠죠?)

 그럼 구체적으로 어떻게 해야 할까요? 특별한 왕도가 있다고 생각하지는 않지만 추천하는 방법은 '100가지 패턴과 1000가지 단어에 익숙해 지기'입니다. 작다면 작고 크다면 클 수 있는 양이지만 중고등학교 입시를 치른 우리들의 입장에서 생각보다 시간이 오래 걸리는 일은 아닐 겁니다.

 이것만으로 충분한가라고 생각하실 수 도 있겠지만 단언컨데 충분합니다. 외국을 생각하지 말고 당장 우리 주변을 대입해서 생각해봅시다. 대학공부나 직장생활과 같은 영역의 전문용어와 표현을 제외하고 친한 친구와 깊이 있는 대화를 나눌 때를 제외한다면, 한국어를 쓸 때 100가지 정도의 정해진 패턴과 1000가지 정도의 단어만 있다면 무리 없이 생활하고 아르바이트하며 사소한 대화를 나눌 수가 있다는 것을 깨달을 것입니다.(진짜로 세어보아도 됩니다) 그거 가지고 외국인이 하는 이야기를 알아들을 수 있을까? 라는 생각도 하겠지만 아주 잘 들립니다. 미국인이 영어를 한국사람보다 더 잘 듣고 편하게 대화하는 건 한국사람보다 청각이 좋아서가 아닙니다. 그저 어떤 말이 나올지 예상하고 익숙한 표현에 따른 습관적인 주고받음이 이루어지기 때문입니다.

 한국에서도 같은 대화를 나누더라도 표준어를 쓰는 사람과의 대화는 멈춤없이 진행되지만 강한 경상도나 충청도 등과 같이 사투리가 심한 지역의 사람과 표준말을 쓰는 사람이 대화를 할 때면 종종 다시 듣기나 추가설명이 필요한 경우가 생깁니다. (그렇다고 대화가 이루어지지 않는 건 아니죠) 하지만 그런 관계라도 친구가 되고 자주 보게되면 익숙해지면서 같은 지역 사람과 대화를 나누는 것 같이 쉽게 대화를 할 수 있습니다. 영어에서 패턴을 배운다는 것은 그와 같은 기능을 수행한다고 이해하면 됩니다.

외국생활을 하면서 영어를 못하지만 바디 랭귀지만으로 많은 외국인친구를 사귄 사람의 이야기를 들어보았을 겁니다. 물론 그 사람의 성격적인 부분도 많이 반영되었겠지만 다르게 생각하면 몸으로 표현할 수 있는 공통된 몇가지의 패턴을 가지고도 외국사람들과 의사소통하는 데에 많은 장애를 줄이고 소통할 수 있게 해준다는 것입니다.

여기에서 말하는 100개의 패턴과 1000개의 단어는 어려운 단어를 이야기하는 것이 아닙니다. 실제로 어렵고 자주 쓰지 않는 학술 논문 등에나 나올 법한 1000개의 패턴 10000개의 단어를 익힌다고 해도 일상생활에서는 도움이 되지 않습니다.(하지만 한국의 시험에 나오는 것들은 그런 것들이 많습니다) 우리가 일상생활에서 자주 쓰는 패턴과 단어를 숙지하고 익숙해져야 합니다.

이와 같은 이야기가 영어실력을 완성한다는 이야기는 아닙니다. 목표에 외국대학 진학이나 외국계 취업 등의 뜻이 있다면 물론 더 깊이 있고 문법적인 지식도 포함되어야 합니다. 다만 그와 같은 단계로 나아가기 전에 영어에 대한 두려움을 없애고 자신감을 가질 수 있는 단계는 일반적으로 한국사람들이 생각하는 것처럼 어렵지 않다는 점을 다시 한번 강조하고 싶습니다.

제가 혼자서 공부할 때 가장 유용하게 활용한 강의는 '일빵빵 영어'라는 무료팟캐스트였습니다.(최근에 검색해보니 팟캐스트에서 유튜브로 옮기면서 여전히 존재합니다) 패턴위주로 진행을 하고 살을 붙여가며 진행하는 방식입니다. 돈을 들이지 않더라도 이같은 팟캐스트나 유튜브 등에 이미 유용한 강의들이 많습니다. 여러 강의들을 시도해보고 본인에게 가장 맞는 것을 찾으면 됩니다.

버킷리스트 작성하기

 앞에서 이미 '목표설정'을 이야기했었습니다. '버킷 리스트'는 '목표설정'과 같으면서도 다릅니다. 앞에서 이야기했던 '목표설정'은 대략적인 큰 방향을 정하는 행동이었습니다. 지도로 치면 '목표설정'의 경우에는 출발점과 도착점을 정해서 기간동안 꾸준히 나아가는 방식이라면 '버킷 리스트'의 경우 그 사이사이에 경유하는 점과 같은 역할이라고 할 수 있겠습니다.

 어떤 것이라도 도덕적으로나 법적으로 문제가 되지 않는다면 시도해 볼 수 있습니다. 특히 한두가지 정도는 '목표설정'에서 가고자 했던 방향성과 다소 상충되더라도 문제가 되지 않습니다. (다만 '버킷 리스트'의 목표 대부분이 목표설정의 방향성과 일치하지 않는다

면 '목표설정'자체를 수정할 필요성은 있겠죠?)

 그럼에도 불구하고 한가지 원칙을 제시해보자면 '한국에서 경험하기가 쉽지 않은' , '지금 나이대가 아니라면 경험하기가 쉽지 않은' 같은 기준을 잡고 버킷 리스트를 만드는 것이 좋습니다.

 마음이 맞는 친구들끼리 술집에 모여서 재밌고 즐거운 시간을 보내는 것은 충분히 값진 일이지만 한국에서도 충분히 같은 순간을 보낼 수 있다면 그건 해외생활 중에 '버킷 리스트'로 삼기에 바람직하지 않습니다. 반대로 한국에서는 쉽게 접하기 힘든 외국 식 파티문화에 참석해서 추억으로 남기는 것은 버킷 리스트로 삼을 만 합니다.

 호주 시드니에 있을 당시 한 친구는 한국에 있을 때부터 크루즈 파티에 참석해보는 게 버킷 리스트였습니다. 거기에 대비해서 한국에서부터 파티용 드레스도 챙겨왔었습니다. 크루즈 파티의 경우 불특정 대상을 상대로 많이 열리는 편은 아니지만 시드니나 멜버른 같은 대도시의 항구에서는 종종 열리기도 하고 작은 입장료만 지불하면 참여가 가능합니다. 그 친구는 현지친구들과 크루즈 선상파티를 즐겼고 한국에 돌아온 지금도 두고두고 추억으로 간직하고 있습니다.

 저 역시도 음주가무를 즐기는 성격이 아니라 파티와 관련한 버킷 리스트가 따로 있지는 않았지만 뉴질랜드 레스토랑에서 쉐프로 일할 때 레스토랑 기념일을 맞이해서 가게 전직원과 함께 떠난 보트 파티나 별장을 통째로 빌려서 진행했던 파티를 평생 잊을 수 없는 추억으로 간직하고 있습니다.

 레저와 관련한 부분도 버킷 리스트로 삼을 만합니다.
 요즘은 스킨스쿠버를 한국에서도 즐길 수 있지만 관련 자격증을 발행하는 기관이 호주라는 것을 아는 사람은 많지 않습니다. 그만큼 해양문화가 발달되어 있는 나라가 호주이고 특히 스킨스쿠버와 서핑의 성지가 많아 전 세계에서 찾아가는 나라이기도 합니다.

더욱이 해양스포츠를 버킷 리스트 중 하나로 추천하는 이유는 전세계에서 가장 크고 아름다운 산호 군락인 '그레이트 베리이 리프'라는 곳이 호주 브리즈번 근방에 존재합니다. 아쉽게도 기후변화가 심해짐에 따라서 그 군락이 향후 10~20년 후에는 없어질 위기에 놓여있습니다. 이 기회를 이용해서 자연의 아름다움을 느껴보고 기후변화를 막기위한 노력에 대해서도 생각해 볼 수 있습니다.

그 외에도 스카이다이빙 (호주, 뉴질랜드, 캐나다 전 지역에서 아름다운 자연을 배경으로 진행합니다)이나 와이너리 투어(와인에 관심이 있다면 호주, 뉴질랜드, 캐나다 와이너리 투어는 진정으로 빼놓아서는 안 됩니다)와 같은 버킷 리스트나 오로라 투어(뉴질랜드 남섬 인근과 캐나다 일부 지역에서 진행하며 시기를 잘 맞춰서 가야 볼 수 있습니다) 등도 빼놓아서는 아쉬운 리스트 중 하나입니다.

저의 경험을 조금 더 이야기해보자면 20대 중반에 확

보해 놓은 워킹홀리데이 연장비자를 바탕으로 워킹홀리데이를 갈 수 있는 마지막 나이에 두번째 여정을 떠났었습니다. 그 때 당시의 목표설정과 버킷 리스트는 워킹 홀리데이 비자가 지나고 워크비자 중일 때도 일관되게 유지되었습니다.

 주요 목표설정과 버킷리스트였던 부분에 대해서 이야기해보자면...

오랫동안 쌓아왔던 바리스타 경력 이후에 어떻게든 커피나 카페 관련한 가게를 열어야 겠다는 당찬 포부 그러나 자본이 받쳐주지 않으면 이도저도 아니게 될 거라는 고민 사이에서 뭔가 다른 경쟁력을 획득하고 싶었고 다시 외국에 나가서 베이킹이든 음식이든 경쟁력을 갖출 수 있는 힘을 가지고 돌아오자 였습니다.

 그렇게 몇 년의 시간동안 지인들에게 일중독이라는 소리를 들을 정도로 계속 일만했었는데요(일주일에 4개의 직장을 돌면서 일했던 적도 있습니다) 힘들기보다는 아무것도 없었던 베이킹이나 요리의 영역에서 실력과 경력이 하나 둘 쌓이고 스스로 할 수 있는 힘이 생겼고 그 덕분에 일은 오히려 즐겁고 더 하고 싶은 것들이 되었습니다.

 어떻게 보면 누구는 요리유학을 가거나 돈을 들여 어떤 과정을 이수하고 함으로써 쉽게 얻어지는 것을 왜 애써 힘들게 쟁취했느냐 생각할 수도 있지만 지금 다시 돌이켜봐도 최선의 방법이었고 충분히 스스로에게 남는 경험과 힘이 되었다고 생각합니다.

 제가 하고싶은 말은 제가 잘했다 이런 내용보다는 목표설정이나 버킷 리스트가 본인이 맞다고 생각한다면 주변 다른 사람들의 생각은 굳이 고려하지 않아도 된다는 것입니다. 2030이라면 아직 어린 나이고 맘에 두고 해보고 싶은 일이 있다면 다른 사람들이 어떻게 생각하든 일단 저질러보고 후회해도 충분한 나이라는 것입니다.

인생에 있어서 이미 확고한 방향성이 있거나 저처럼 늦은 나이에 떠나게 되어 무언가 경쟁력을 획득하고 싶다면 다른 사람이 바라보는 시선이 아니라 자기의 시선과 생각에 맞게 나아가면 됩니다. 타인이 뭐라하든 본인이 스스로를 응원하면 됩니다. 그런 목표를 가지고 나아간다면 저 역시도 응원하겠습니다.

외국에서 한국에 대하여 소개하려면

1) 음식

 한국음식을 연습해서 나가는 것이 도움이 됩니다. 한국인 지인들이 외국 생활을 하면서 겪는 가장 큰 곤란함으로 꼽는 것이 음식에 관한 부분입니다. 빵이나 다른 나라의 음식이 한두 번이면 이벤트성 기분으로 맛볼수 있지만 그게 주식이 되어야 하는 상황은 익숙치 않은 사람들에게 무척이나 고통스러운 순간입니다.

 기본적으로 영어권 국가라고 한다면 쌀문화권이 아닌 밀 문화권입니다. 단순하게 생각할 수도 있지만 기반이 되는 음식이 다르다는 건 그만큼 일상생활에 큰 장애가 되는 부분입니다. (우리가 간식이라고 생각하는 것이 그들에게는 식사가 되고 우리가 식사라고 생각하는 것이 그들에게는 간식이 됩니다) 다행스럽게도 요즘은 각 나라에서도 아주 시골로 가지 않는 이상은 한국음식점들이 항상 있습니다.

다만 문제가 되는 것은 그 음식들의 가격과 맛입니다. 기본적으로 영어권 국가들은 인건비가 비싸기 때문에 우리가 한국에서 접하는 한식가격에 2~3배 정도의 비용을 지불해야 완제품을 먹을 수 있습니다. (한국인이라고 한국가게에서 에누리해주지 않습니다) 또한 이건 어디까지나 개인적인 견해일수도 있지만 그 맛이라는 것이 우리나라 대기업들이 완제품으로 판매하는 데워서 먹는 제품보다 못한 경우가 대부분이었습니다.

다른 방향으로 생각해본다면 외국에서는 각자 음식을 가져와서 함께하는 파티가 많습니다. 완제품을 사오는 경우도 많지만 한국에 대해서 호기심을 가지고 있는 외국 친구들에게 직접 만든 한식메뉴를 선보여준다면 그들에게나 본인에게나 크나큰 즐거움과 이색적인 경험이 됩니다. 외국이라고 불가능할거라고 생각할 필요는 없습니다. 앞에서도 언급한 것처럼 아주 시골로 들어가지 않는 이상 왠만한 도시에는 한국 식료품점이 있습니다. (없는 도시에도 아시안 식품점에 가면 있습니다) 그렇다는 건 한국에서 주재료로 쓰는 참기름이나 고추장 등등 모든 재료를 구할 수 있다는 것이며 나아가 한국에서 몇가지만 연습해서 나간다면 자신의 식사로나 친구들 대접에 있어 충분한 경쟁력을 확보하게 됩니다. (참고로 한국에서 해보고 스스로가 영 소질이 없다는 걸 깨닫는다면 현지에서도 음식을 사가거나 한국음식점을 이용하는 식의 현명한 방법을 선택할 수 있게 됩니다)

2) 역사

외국친구들과 어울리게 되고 여러 대화를 나누게 될 경우 한국에 대한 역사지식이 필요합니다. 한국이 싸이나 BTS, 봉준호, 손흥민 등을 통해서 국제적으로 많이 알려졌지만 그들에게 여전히 한국은 동양의 작은

나라 혹은 중국의 지역국가 정도로 인식하는 외국인들이 많습니다. (유감스럽게도 생각보다 많습니다)

 개인적인 경험으로는 같은 쉐어하우스에 살던 독일인 친구들의 인식이 큰 충격이었습니다. 그들은 현대나 삼성이 한국의 기업이 아닌 일본의 기업으로 알고 있었습니다. 때문에 저는 그들에게 긴 시간을 들여서 그런 인식이 왜 잘못되었는지 한국과 일본의 관계가 어떻게 변화해왔는지 한국인들이 그런 문제를 왜 예민하게 받아들이는지에 대해서 이야기해야만 했습니다.

 그런 사실의 가장 큰 문제는 일본이나 중국이 국제적으로 외국인들이 그렇게 인식하고 있다는 것을 알고 있으며 그걸 이용해 독도문제나 한국문화 자체를 자기나라의 이득이 되는 방향으로 변형하고 우기며 사실인 것 마냥 이끌어간다는 것입니다.

 본인과는 상관없는 먼 이야기처럼 들리지만 사실 외국생활을 하게 되면 외국친구들과의 대화중에 꽤 자주 나오는 부분들이며 심지어 어학원을 등록하고 다니다 보면 수업시간에 그와 관련된 발표나 토론도 하게 됩니다. 이 경우에 관련지식이 부족하다면 우리 역사의 당위성에 대한 주장을 할 수 없게 됩니다. 가급적이면 숙지하고 가면 좋은 부분은

-한일관계에 대한 역사적 배경
- 독도가 한국의 영토라는 당위성에 대하여
- 한국이 중국의 인접국가이면서 어떻게 독립성을 유지하며 독자적인 문화를 이루었는지에 대하여
- 김치나 한복 등 중국이 자국의 문화라고 우기는 억지주장에 대한 반론지식
- 남과 북의 분단이유

위에서 언급한 내용을 제외하고도 한국에 대한 지식이 많으면 많을수록 외국인들에게 한국에 대해서 더 자세하고 정확한 지식을 전달해 줄 수 있고 나아가 스스로도 한국을 대표하는 한 명의 외교관으로서 자부심을 가질 수 있게 됩니다. 외국인들도 충분히 알 수 있는

BTS나 한국영화 이야기보다는 한국인만이 해줄 수 있는 한국의 다양한 부분을 이야기하고 알릴 수 있게 준비합시다.

외국에 대한 정보는 어디서 얻을 수 있나요?

 저 역시도 인터넷이 없던 시절의 해외여행은 경험해 본 적도 상상해본 적도 없습니다. 이전에도 해외생활이라는 개념이 있었을 것이고 대부분의 서류작업이 우편으로 취급되었겠죠? 상상만 해도 오싹하네요 (외국의 행정업무 속도를 경험해보면 이해하실 겁니다)

 하지만 현재는 바야흐로 인터넷 세상이고 비자신청부터 각종 서류, 구인구직, 렌트, 쉐어 등등 모든 걸 인터넷으로 하는 세상이 되었습니다. 여전히 발품을 팔아야 더 이득이 되는 부분도 있고 인터넷만으로 진행해야 이득이 되는 부분도 있으며 병행하면 완전한 시너지 효과를 얻는 부분도 있습니다.

각설하고 스마트폰 / 태블릿 / 노트북 등 어떤 도구를 이용하든 인터넷을 활용할 수 있고 외국에서 생활할 때는 특히 자주 이용하게 됩니다. 그 외의 방법으로는 여러가지 정보에 대해서 습득경로가 제한되니까요.

 구직이든 집 문제이든 각 나라마다 현지사이트가 있고 한인커뮤니티에서 만든 한인사이트가 있습니다. 간단히 두 사이트의 장단점을 비교해보겠습니다.

< 현지사이트의 특징 >

- 구직 시 현지인의 가게에서 일자리를 구할 수 있다.

 현지사이트를 이용하게 되면 다른 곳에 비해 합법적으로 고용을 진행하게 되는 경우가 대부분이며 한인업체에 비해 세금적으로나 휴무 등에 있어서 혜택을 받습니다. 더불어 현지인들과 같이 일하면서 현지문화를 체험하는데 도움이 됩니다. 다만 업체에 따라서 약간의 인종 차별적인 대우가 있는 곳도 존재하며 현지가

게인만큼 언어적능력이나 기술적능력이 부족할 때는 진입하기 어렵다는 장벽도 존재합니다.

- 렌트나 쉐어를 구할 시에 외국인들과 함께하는 생활을 할 수 있다.

 현지인이나 서양권 국가들은 렌트나 쉐어를 구할 때 주로 현지사이트를 이용합니다. 언어적 장벽이 다른 아시아 문화권에 비해서 적기도 하고 쉐어라는 문화 자체가 그들에게 익숙하기 때문입니다.(집이나 방을 공유하는 방식으로 우리가 흔히 미드를 접할 때 보게 되는 프렌즈와 같은 미드에 자주 나오는 방식입니다)

 때문에 외국인들과 어울리는 낭만적인 외국라이프를 꿈꾼다면 현지사이트에서 렌트나 쉐어를 구하면 목표를 이룰 수 있습니다. 다만 문화권이 다르다는 건 생활의 부분에서 서로 이해가 되지 않는 부분이 많다는 것이며 거기에 따른 이해와 배려가 필요할 것입니다. 무작정 외국인과의 생활을 시작하기보다는 게스트하우스나 단기공동숙소 등에서 함께 어울려 본 후에 본인에게 맞다면 시도하길 추천합니다.

- 다양한 종류의 물건을 매입 혹은 매매할 수 있다.

 서양문화권에는 사실 우리나라보다 훨씬 중고거래 문화가 활발합니다. 우리나라의 당근마켓 같은 시스템이 인터넷이 없던 시절에는 동네 커뮤니티에서, 인터넷이 활성화된 시기부터는 인터넷으로 이어져 왔습니다. (비교적 한국에 비해 중고물품이나 중고차에 대한 인식에 거부감이 적습니다) 정말 다양한 제품들이 거래됩니다. 작게는 단순한 생활소품이나 생필품부터 크게는 자동차, 요트, 집까지 다 중고장터 영역에 포함됩니다. 때문에 새제품을 사는 것이 시기나 비용 때문에 애매할 때 편하게 이용 가능하고 꼼꼼히 살피다보면 크게 이득을 보는 거래를 할 수 있습니다. 다만 외국인이라고 무조건 좋은 컨디션의 물건을 판매할 거라는 착각은 하지 말고 거래시에 꼼꼼하게 따져보고 활용하는 자세가 필요합니다.

< 한국사이트 특징 >

- 현지사이트를 통하는 것보다 비교적 손쉽게 구인구직을 달성할 수 있다.

 기본적으로 자체커뮤니티가 발달된 나라권 사람들은 자신들의 커뮤니티에서 워커를 많이 고용합니다. 중국, 일본, 베트남, 네팔 등등이 그런 나라들입니다. 한국도 마찬가지입니다.

 같은 문화, 같은 언어를 구사하는 사람들이기에 현지 가게보다 구인구직에 접근성과 성공가능성이 높습니다. 외국에 처음 나갔을 때 언어가 다소 부족하거나 현지에 대한 두려움이 있을 때 하나의 방법이 될 수 있는데요. 다만 유감스럽게도 같은 한국인임에도 불구하고 대우가 최저이거나 최소한의 법규도 준수하지 않는 경우도 많습니다.

모두가 그렇다는 건 아니지만 한국업주들의 경우 같은

한국인이더라도 영주권자나 시민권자가 많고 그만큼 외국인 근로자에 비해 나라에서 보호받는 부분이 많기 때문에 악용하는 업주들이 많습니다. 더불어 외국생활이 처음인 어린 청년들은 막연한 두려움과 절박함 때문에 악조건 속에서도 묵묵히 일할 수밖에 없는 경우가 많습니다.

 이런 상황은 업주들의 반성도 필요하지만 근로자로 일하는 경우에 앞서 언급한 것처럼 언어적으로나 경험적으로 충분한 여력을 갖추어서 불공정한 상황을 과감히 뿌리칠 수 있는 준비가 되어있어야 합니다.

다른 문제로 한인업주들의 대부분은 1~2세대 한인 이민자들인 경우가 대부분이며 그 당시 이민 상황에서 할 수 있는 업종이 많지 않았기 때문에 대부분의 업종이 비슷합니다. 스시 집이나 청소업체, 식료품점 등등. 이런 업종이 나쁘다는 건 아니지만 현지의 다양한 업종에 비해 제한적인 업종만이 오픈 되어있기에 구직시에 좀 더 신중하고 내가 하고자 하는 일인지 생각해볼

일입니다.

- 렌트나 쉐어를 구할 시에 좀 더 저렴하고 익숙한 환경을 구할 수 있다.

 렌트나 쉐어를 구할 시에 여러 나라나 도시에서 공통적으로 느낀 부분은 비슷한 컨디션이라도 한인사이트에서 구하는 경우가 비교적 저렴하다는 점입니다. 이유는 구체적으로 아직까지 잘 모르겠지만 통계적으로 항상 그랬기 때문에 계약서나 절차적인 부분을 법적으로 잘 확인만 한다면 비교적 저렴하게 생활공간을 확보할 수 있습니다. 또한 같은 문화를 가진 주거환경은 외국생활에서 꽤 큰 안정감을 줄 수 있습니다.

 외국인과 같이 살면 필연적으로 신발을 신고 생활을 하게 되는데 한국인과 같이 생활하게 되면 대부분 신발을 벗고 생활합니다. 위생적으로도 좋을 수가 있고 렌트주가 외국생활이 길다 보면 전기밥솥이나 왠만한 한국인의 필수 도구들은 다 갖추고 있기 때문에 편한 생활이 가능합니다.

– 한국인에게 필요한 여러가지 물품들을 구매 혹은 매매할 수 있다.

외국인에게는 굳이 필요치 않지만 한국인에게는 나름 필수품이라고 할 수 있는 여러가지를 한인사이트에서 쉽게 구매가 가능합니다. 계속 언급하지만 밥솥 같은 부분도 마찬가지고 화장품이나 의복 종류 중에도 외국인들은 잘 사용하지 않지만 한국인들은 주로 사용하는 것들이 많습니다. 특히나 여러가지 중고 거래 시에 외국인에게는 문화적으로나 언어적으로 자세하기 묻기 어려운 부분도 한국인에게는 편하게 물어보고 따져볼 수 있기 때문에 보다 편하게 이용이 가능합니다.

대략적으로 현지사이트와 한인사이트의 특징들을 언급해봤습니다. 다만 어디까지나 개인적인 견해가 들어간 부분도 많으며 모든 정보나 구인구직, 집 계약, 자동차계약, 물품거래 등등 상대가 외국인이든 한국인이든 본인이 충분한 주의가 필요한 부분입니다. 우리나라에서 필수 앱으로 자리잡고 있는 당근마켓에서만 해도 수많은 사기거래나 허위거래가 넘치기 때문에 외국일수록 조금 더 침착하고 꼼꼼하게 따져보는 자세가 필요할 것입니다.

외국을 나가려면 무엇이 필요한가요?

이번에는 여권 / 비자 / 신체검사 3가지 사항을 묶어서 적어보겠습니다. 중요성이 낮아서 묶은 건 아니고 구체적인 방법 대신에 간략한 정보 정도만 언급할 예정이기 때문이 연관성 있는 요소로 묶었습니다.

1) 여권

여권은 해외에서 신분증 대용으로 사용합니다. 여권이 없으면 해외에 나갈 수가 없습니다. 나라마다 다르지만 펍과 같은 술집이나 일부 고급레스토랑, 카지노 같은 유흥시설 이용시에는 별도로 신분증을 확인하기 때문에 해외 체류중에도 대체할 신분증이 없을 시에는 항상 소지하고 다녀야 합니다. 간혹 불법입출국자를 확인하기 위해서 경찰이 별다른 사유 없이도 검문하기 때문에 특히 분실에 유의해야 합니다.

 여권의 형태는 기간에 따라 나뉘는데 10년짜리, 5년, 기타 목적을 위한 단기 여권 등이 있으며 금액은 대체로 3~5만원 정도입니다. 별도의 문제가 없다면 각 지역 구청이나 시청 같은 기관에서 본인방문신청이 원칙입니다.

 만약에 해외에서 여권 분실시에는 그 나라에 위치해 있는 재외공관(대사관/공사관/대표부/총영사관/영사관)에서 재발급을 받을 수 있는데 재발급기간이 꽤 소요되며 여러가지 검증을 요구할 수 있으니 가급적 분실하지 않도록 하며 별도로 여권을 스캔한 사본을 분리해서 보관하도록 합니다. (사본은 긴급상황에서 증명으로 쓸 수는 있지만 앞에서 언급한 펍이나 기타 시설에서 신분증 대용으로 사용하지는 못합니다)
   구비서류 : 여권발급신청서 , 여권용 사진 1매(6개월 이내) , 신분증, 병역관련서류(해당자)

2) 비자

비자의 경우 구체적으로 언급하기 어려운 부분이 있습니다. 바뀌는 국제 정세 때문에 수시로 요구하는 비자가 바뀌기 때문이고(무비자 입국이었다가 비자승인이 있어야 한다 거나 비자 효력이 바뀌는 등) 이미 인터넷이 관련된 내용이 훨씬 자세하기 기술되어 있기 때문입니다. (방식도 매번 바뀌기 때문에 이번에 적어두더라도 달라지는 경우가 많습니다.) 정확한 내용은 외교부 홈페이지나 외교부 산하 워킹홀리데이센터 등의 사이트를 이용하면 검증되고 확실한 정보를 획득할 수 있습니다.

다소 아쉬울 수는 있겠지만 위의 비자 뿐만 아니라 여권에 관해서도 사실은 인터넷에 검색을 하면 담당기관에서 직접 올려놓은 구체적인 자료를 얻을 수 있습니다. (심지어 매번 변화된 내용에 대해서도 직접 갱신합니다) 이 책을 기록하는 이유는 필요한 조언을 들려주기 위함이지 그대로 따라가기를 원하지 않는다는 점을 알아주세요.

 인터넷에서 본인에게 필요한 정보를 구하고 얻는 과정 역시도 해외생활과 관련하여 얻는 경험 중에 하나라고 생각합니다. 본인의 필요한 정보를 직접 알아내고 진위 여부를 신뢰할 수 있는 기관에서 검증하는 등 이러한 노력이 해외생활 그리고 나아가서는 추후 겪을 사회생활에 대한 밑경험이 될 것입니다.

3) 신체검사

 비자 신청의 마지막 단계로 건강상의 이상 유무를 검사/제출하는 단계가 있습니다. 별도로 검사결과를 개인이 제출할 필요는 없으며 이민성과 연계된 병원에서 검사 후 제출합니다.

 아쉬운 부분이 있다면 우리나라에는 지정병원이 서울과 부산에만 있고 다른 지역에 거주하는 사람들은 그

병원들에 예약 후 검사를 받아야 한다는 부분입니다. 사실 검사 내용이 복잡하지도 않은 부분이라 이런 대형병원에서만 진행해야 하는지는 다소 의문이 듭니다. 비용도 검사에 비해서 많이 들기도 하구요.

뉴질랜드에서 호주를 넘어갈 때 관련 비자로 신체검사를 받은 적이 있는데 오히려 우리나라보다 가능한 병원도 많고 비용도 저렴한 편이었습니다. 요청한다면 요구하는 검사 항목을 별도 검증된 병원에서 검사 후 그 나라 이민성에 개인적을 보낼 수 있다고 하기는 하지만 편의상 어쩔 수 없이 위에 언급한 병원을 이용하는 것을 추천해드립니다.

국가 선택 후 해당 국가 내에서는 어디로?

 해외생활을 결정할 때 중요한 요소의 하나로 어느 지역 혹은 도시로 갈 것인가 있습니다.
쉽게 이해하자면 한국을 쳤을 때 특별시나 광역시 등에서 거주하는 것과 읍이나 면 정도의 인구규모에서 거주하는 것과는 차이가 클 수 밖에 없겠죠? 특히나 외국의 경우에는 우리나라에 비해서 인구밀도가 훨씬 낮습니다. 때문에 주요 도시만 벗어나도 인가가 적거나 혹은 극단적으로 없는 허허발판이 펼쳐질수도 있죠. 그러면 도심 쪽에서 거주하는 것과 지방지역에 거주하는 것을 비교해서 이야기해보겠습니다.

[도 시]

외국에서 도시라 하면 쉽게 말해 한국에서도 한번쯤은 들어봤을 도시를 이야기합니다. 호주의 경우 시드니나 멜번 혹은 브리즈번 정도가 될 수 있을테고 캐나다의 경우 토론토나 벤쿠버 등이 적용될 것입니다. 뉴질랜드의 경우 오클랜드가 되겠죠? (의외로 뉴질랜드에 대한 이야기를 접하는 경우는 잘 없기 때문에 오클랜드마저 모르는 경우가 많습니다)
이와 같은 도시들의 특징을 몇가지 꼽아보자면...

1) 교통이 편리하다.

 대부분의 주요 도시들은 다양한 교통수단을 가지고 있습니다. 버스나 지하철, 기차 심지어 서양권 국가들의 주요도시들은 대부분 트램이라는 교통수단까지도 있습니다. 그리고 주요도시에서 인근 도시로 가는 교통편 역시 다양하게 구비되어 있고 그 나라에 도착하는 항공편 역시 주요 도시 근방에 있는 공항인 경우가 대부분입니다.

근래에는 외국에서도 구글맵이나 교통어플을 깔면 한국에서처럼 어떤 교통수단이 몇분에 도착하고 목적지를 갈 때 지하철이나 버스 등으로 환승해서 가는 경로까지도 제공해주며 정확한 편입니다. 때문에 도심 혹은 인근 지역만 살더라도 가고싶은 곳을 가거나 직장을 구했을 때 대중교통으로 편하게 다닐 수 있습니다.

2) 인프라가 풍부하고 편리하다.

도심에 살면 가장 큰 장점 중 하나로 은행이든 관공서든 심지어 대사관, 영사관들도 주요 도시에 있습니다. 때문에 생활 중에 신상에 큰 이변이 생기거나 여권 등을 분실했을 경우 지방에 거주하는 것보다 쉽게 대처가 가능합니다. 또한 나라별 주요도시에는 앞선 이민자들이 많아서 대형은행이나 관공서에 한국인 직원이나 관리인이 있는 경우가 많습니다. 때문에 영어에 익숙치않거나 혹은 익숙하더라도 보다 원활하고 편하고 빠르게 관공서 관련 업무를 해결할 수 있습니다.

3) 일자리가 풍부하다.

 인구밀도가 밀집되어 있는만큼 일자리 역시 도심 쪽에 몰려있답니다. 특히나 워홀로 가서 쉽게 구할수있는 호스피탈리티 관련 직업들(바리스타나 서빙, 요리, 주방보조, 청소 등등)은 지방과는 심하게 차이가 날 정도로 수요와 공급의 규모가 다릅니다. 선택권이 다양하다는 것은 그만큼 실력이 된다면 좋은 컨디션의 직장을 구할 수 있다는 의미고 다르게 생각하면 다소 실력이 부족하더라도 부족한 수요 때문에 지방에 비해 비교적 쉽게 일을 구할 수 있습니다. (한인잡들이나 큰 기술이 마땅히 필요치 않은 직업군들도 다양하게 있습니다)

4) 다양한 문화와 음식, 식료품을 쉽게 접할 수 있다.

 인구가 몰린다는 것은 그만큼 다양한 문화권이 겹친다는 의미이고 거기에 파생해서 타문화 음식점이나 식료품점이 지방에 비해 훨씬 많습니다. 현지인 친구가 아니라 타 문화권 친구들과 어울려 살아보기 위해서는 도심 쪽에 거주한다면 기회가 훨씬 많으며 다른 나라 음식점을 경험하기도 수월합니다. 나아가서 한국인에게는 어쩌면 가장 중요한 부분일수도 있는 한인식품점이 도심 쪽에는 항상 존재합니다.

한인식품점에 가면 단순히 식료품을 떠나서 한국에서 쓰던 샴푸나 린스, 세면용품 등 현지에서 구하기 힘든 소모품 역시 쉽게 구할 수 있습니다. 더불어 한국음식을 만들어 먹을 수 있는 고추장이나 간장 등 관련된 모든 식자재를 쉽게 구할 수 있습니다.

5) 주거비가 지역보다 많이 든다.

도시에서는 인구가 몰리는 만큼 지방보다 거주비가 비쌀 수밖에 없습니다. 동일한 가격으로 도시에서는 방한칸을 누군가와 나누어써야한다면 지방으로 갈 경우 독방을 홀로 쓰거나 극단적으로는 약간만 돈을 더 보탠다면 한공간 자체를 임대할 수도 있습니다. 때문에 타인과 같은 공간을 쓰는데에 불편함을 느끼거나 편한 생활을 원하는 사람들은 비교적 큰 지출이 발생합니다.

[소도시 / 지방]

 극단적으로 구분하자면 도시와 지방 이렇게 이분법적으로 나누면 되지만 사실 우리나라에도 특별시에서 군이나 면 사이에 광역시나 시 등이 있지 않습니까? 마찬가지로 각 나라들도 규모는 대도시보다 훨씬 작지만 나름의 자체 인프라를 구축해서 형성되어 있는 소도시들도 많습니다. 이런 소도시들은 도심의 장점과 지방의 장점을 동시에 갖추기도 하지만 상황에 따라서는 양쪽의 단점들도 동시에 갖추기도 합니다. 때문에 사전에 미리 알아보고 이동해야 합니다.

1) 교통이 불편하다.

 지방지역은 일단 인구밀도가 낮기 때문에 대중교통이

용에 있어서 상당한 애로사항이 있습니다. 배차 간격이 훨씬 긴 것 뿐만 아니라 정차시간도 앱 등에 나타나 있는 시간과 다르게 도착하는 경우가 다수입니다. 때문에 애초에 자동차를 구매해서 생활을 할 생각이라면 오히려 좋은 여건일 수 있지만 (도시에 살면서는 운전이 어려운 걸 떠나서 일단 주차공간을 확보하고 주차하는 일 자체가 고역입니다 반면 지방에서는 막말로 아무데나 주차도 가능하고 주차에 따른 비용이 발생하는 장소도 훨씬 적습니다) 그렇지 않다면 이동시에 많은 시간을 소요해야 합니다.

2) 인프라가 부족하다.

 일단 은행이나 관공서 등이 적습니다. 극단적인 경우 대형은행은 하나 정도만 존재하거나 지역 소도시 자체 은행만이 존재하는 경우가 있습니다. 거기에 따른 불편함에 더불어서 은행의 카드나 통장의 발급이 지점에서 이루어지는 것이 아니라 중추지점(도심에 존재하는)에 존재하기 때문에 필요한 서류 등의 발급기간이 도심보다 2배 정도는 더 소요됩니다. 언어적인 도움역시 받기가 어렵겠죠. 가장 큰 문제는 대사관이나 영사관 같은 위급시에 도움을 받을 수 있는 기관이 없다는 점입니다. 마찬가지로 그와같은 기관들의 지원도 보내고 오는데 시간이 소요되기 때문에 즉각적인 도움을 받기가 어렵습니다.

3) 일자리가 적다.

 지방지역에는 도심에 비해 일자리가 적습니다. 아무래도 거주인구가 적기 때문에 당연한 일이겠죠? 거기에 더해서 흔히 말하는 로컬 가게들(현지인을 위한 가게)이 다수이기 때문에 언어적으로 아직 어려움을 겪고 있는 경우 혹은 오너와 구직자 모두 서로의 문화가 익숙치 않기 때문에 구직에 더 많은 노력들이 소요됩니다. 그래도 로컬가게들의 경우 대부분 근로시에 계약서를 법적으로 작성하거나 마땅히 받아야 하는 다양한 권리들을 의무적으로 챙기는 경우가 많기 때문에 최저임금준수나 근무시 퇴직금(외국에는 한국과 다르게 1달 이상만 일하더라도 일종의 퇴직금 개념으로 형성이되고 퇴사시에 지급이 됩니다)문제 등이 생길 일이 적습니다.

4) 현지의 문화를 체험하기 좋지만 다양한 문화나 식료품들을 쉽게 접하기 힘들다.

 자연을 사랑하고 고요함을 즐기는 경우라면 오히려 환영할만한 상황(저의 경우에는 그랬습니다)이지만 그렇지 않고 적당한 놀이시설이나 클럽 등의 시설이 필요하다면 지방에서의 삶은 꽤 괴로울수도 있습니다. 기본적으로 도시에는 쇼핑센터나 놀이시설 등이 구비되어있고 근래에는 코인노래방 역시도 외국이지만 존재합니다. (과거에는 코인노래방이 아닌 그냥 노래방 정도까지만 있었습니다) 하지만 거주지를 지방으로 한다면 그와같은 시설들의 즐거움은 상당수 포기해야합니다. 물론 왠만한 지방을 가더라도 볼링장이나 당구장 정도는 있습니다. 그렇지만 한인마트가 있는 경우는 드물고 아시안물품을 취급하는 가게가 있다면 작게

나마 한국물품을 접할 수 있는 정도로만 혜택을 누릴 수 있습니다.

5) 주거비나 생활비가 비교적 적게 든다.

앞에서 언급한데로 지방으로 가게되면 주거비가 도심에 비해 무척이나 저렴해집니다. 인구가 비교적 적다보니 빈집도 많고 빈방을 어떻게든 활용해보려는 현지인들도 많기 때문에 편하게 생활하거나 현지인과 어울리는 삶에 비교적 쉽게 들어갈 수 있습니다. 또한 외국에는 아무리 규모가 작더라도 지역장터가 매주 열립니다. 그런 곳에 가게되면 한국에서의 시골인심을 느끼듯 마트나 타지에서 비싸게 얻을 수 있는 농산물이나 특산물을 저렴한 가격에 얻을 수 있습니다.

[개인적인 추천]

나열하고보니 무조건 도심에서 살아야되는 것처럼 서술되었지만 사실 저는 소도시나 조용한 지역에서의 삶을 더 선호하기도하고 생활적으로 잘 맞았습니다.
다만 저같은 경우에도 해외생활 기간이 길어지면서 사소한 불편함은 그러려니 넘어가게 되고 언어적으로 발전한 뒤이기 때문에 그리고 낯선 지역에서의 생활에 대한 거부감이 없어졌기 때문에 그렇게 되었을 뿐이지 처음으로 해외생활을 하게된다면 지방에서의 생활이 쉽지만을 않을 겁니다. 그럼에도 현지인의 삶에 녹아들고 싶고 자연과 고요함을 즐기고 싶으시다면..!

 우선적으로는 도시에서 보름에서 한달정도 생활합니다. 왜냐하면 앞서 언급한 것처럼 현지의 은행개설이나 일하는데에 필요한 번호(나라마다 다르지만 우리나라의 주민등록번호 같은 것인데 일할 때 제출해야 하면 후에 세금관련에서 합법적 노동에 있어서 꼭 필요합니다) 그리고 현지에서의 삶을 알아보고 적응하는데에 시간이 필요하기 때문입니다. 그리고 그정도 시간이 지나면 앞서 언급한 은행이나 번호가 도심에서는 발급되는데에 충분한 시간입니다.(처음부터 지방에서 관련된 신청을 하면 소요시간이 훨씬 더 듭니다)

그렇게 언제든지 일하거나 이동할 수 있는 기초준비가 끝났고, 생활해본 결과 도시에서의 복잡한 삶보다는 현지인의 삶으로 빠져들고 싶다면 과감하게 이동하시면 됩니다.

비행기표와 숙소는 어떻게 구하나요?

 한국에서 할 일 중에 하나는 항공권과 도착한 후 잠시 머무를 숙소를 미리 예매하는 것입니다.

[항공권]

 항공권의 경우 어느 하나의 요인에 의해 가격이 형성되지 않는, 다양한 변수가 있습니다. 각 나라의 축제기간이라거나 아니면 연말 행사가 세계적인 규모라던가, 연말에 나라 전체적으로 휴가를 떠나는 기간이라던가 정말 다양한 변수가 존재합니다. 특히나 이번 코로나 사태 이후에는 일시적일수도 있지만 국경개방과 더불어 전반적인 항공권 가격대가 다 오르게 되었죠.

제가 오래 머물던 호주는 새해를 맞이하는 연말에 세계적인 불꽃놀이로 유명한 도시여서 그 즈음이 되면 전세계에서 방문객들이 넘치고 항공권 가격도 폭등하는 시기이기도 했습니다. (아이러니하게도 현지인들에게는 셧다운 기간이라고 해서 나라 전체적으로 휴가 및 여행을 떠나는 기간이기도 합니다)

기본적으로는 다양한 앱을 통해서 사전에 가격을 확인해보는게 좋은 방법입니다. '스카이스캐너'같은 어플을 사용하면 1년동안의 모든 항공기 가격과 평균이 떠서 지혜롭게 비교해보고 선택할 수 있습니다. 웹과 어플을 종합해서 찾다보면 최소한 평균이하의 가격으로 현명하게 출발해볼 수 있겠죠?

종종 항공사별 사이트에 들어가면 땡처리 항공권도 뜨는데 이런 항공권은 출발이 임박했지만 아직도 여석이 남은 그런 항공편에 어떻게든 인원을 채워서 이동하는게 이득이라 항공사에서 임시로 발행하는 좌석입니다. 일반항공권에 비해 무척 저렴한 가격에 다녀올 수 있지만 취소나 변경이 어렵고 수하물 같은 조건이 고정적인 경우가 많기 때문에 주의깊게 따져봐야 합니다.

 웹이나 어플을 통해서 최저가를 검색하다보면 사실 단순한 가격만으로 판단하지는 않는 게 좋습니다. 실제로 뜨기는 최저가이지만 막상 수하물이나 기타 필수적인 부분을 추후에 추가로 지불해야 하는 식도 많은데 그렇게 따졌을 때 오히려 최저가가 아니게 되는 경우가 많습니다.

 또한 저렴하지만 경유시간이 훨씬 길 경우 오히려 중간 체류비에서 더 지출이 나가는 경우도 있습니다. 어떤 경험이 풍부한 이들은 그 경유하는 국가에서 잠시 여행하는 여유와 구체적인 계획까지 구상할 수 있겠지만 초심자에게는 다소 어렵기도 하고 불안한 부분도 있기 때문의 유의할 필요가 있습니다.

 다른 측면에서 가격대가 살짝 더 높더라도 지나치게 높지 않다면 국적기나 인지도가 있는 항공사를 타는 것도 좋은 방법일 수 있는데 기본적으로 장시간 이동이라 항공기 안에서의 컨디션도 무척 중요합니다. 저가항공사의 경우 좌석자체가 편하게 앉아있기도 힘든 경우가 있을 수 있고 기내식 자체의 퀄리티도 차이가 많이 납니다. 항공권을 발권할 때 사전에 미리 후기를 검색해보도록 합시다. 항공기 안에서의 경험도 시간이 지나면 두고두고 생각나는 추억이기 때문입니다.

[임시 숙소]

 도착해서 당분간 지내게 될 임시숙소는 미리 예약하는게 좋습니다. 다른 축제기간이나 변수가 겹칠 경우 즉석에서 예약이 힘든 경우도 생기기 때문입니다.
이 때, 한인사이트나 현지사이트를 통해서 장기로 예약하는 것은 지양하는게 좋습니다. 인터넷으로는 아무리 좋게 노출하더라도 실제로는 형편없는 경우가 있을 수있으며 실제로 확인하지 않으면 놓치기 쉬운 부분이 많은데 미리 장기간을 예약하게된다면 그에 따른 취소나 환불에 손해를 볼 수 밖에 없기 때문입니다.

추천하는 기간은 3일에서 일주일 정도의 기간입니다.
여건이 된다면 호텔 등과 같이 좋은 시설에서 머무는게 베스트이지만 비용적인 측면에서 무시할 수 없겠죠? 이 경우 추천하는 방법은 현지 한인 민박이나 도시에 존재하는 백패커스 혹은 게스트 하우스 같은 시설을 이용하는 것입니다. 기본적으로 이런 시설들은 공용주방과 욕실을 사용하고 지불하기에 따라서 1인실, 4인실, 8인실, 16인실 등 다양하게 선택이 가능합니다. 이 경우 공용으로 쓰는 인원이 늘어날수록 저렴해집니다.

 몇가지 특징과 주의할 점이 있습니다.
일단 그 나라에 도착한 지 얼마 안되는 비슷한 사람들이 모이는 경우가 많기 때문에 정보공유가 편하게 이루어질수도 있고 그와 같은 시설들의 프론트나 게시판을 보다보면 나에게 도움이되는 물품이나 이벤트 등이 공지 및 게시되어 있습니다.

공용으로 주방을 사용할 때 주의할 점으로 공공으로

사용한 도구들은 다시 깨끗하게 세척하여 원위치를 하는게 원칙입니다. 지나치게 자극적인 냄새가나거나 주위에 눈살을 찌뿌리게 할만한 요리는 삼가해야 합니다. 또한 앞서 언급한데로 다양한 국적의 사람이 모이는만큼 개인물품도난에 주의해야 합니다. 보통은 다인실이라도 개인락카가 별도로 제공되기 때문에 자물쇠를 휴대하여 본인 락카에 귀중품을 관리하거나 프론트에 별도록 보관하도록 합니다.

 이런 시설들의 경우 숙박업소 예약 앱을 통해서 후기를 확인할 수도 있고 제 개인적인 방법으로는 구글맵의 후기들을 살펴보고 결정합니다. 한국에서는 구글맵의 사용이 다소 어색하지만 외국에서는 우리나라의 네이버맵이나 카카오맵과 같은 기능을 하기에 (심지어 다국적 사람들 모두가 공유하고 있어서 후기나 리뷰조작이 적은 편입니다) 꼼꼼히 따져보고 결정할 수 있습니다. 그렇게 단기간 머물면서 장기간 그 지역에 머물 계획이 있다면 쉐어나 렌트 시설을 직접 방문해보면서 꼼꼼히 따져보고 선택을 하면 됩니다.

돈은 얼마나 준비해서 가야하나요?

외국으로 향하기 전에 얼마만큼의 돈을 준비할 것인지가 꽤 큰 의문일 겁니다. 그런데 사실 그건 정답은 없습니다. 저의 경우에는 300만원 정도를 생각하고 늘 떠났지만 본인의 계획과 가능성에 따라서 금액은 달라지겠죠. (출발 항공권 제외하고 였습니다)

처음에 어학원이나 여행을 즐기다가 일을 할 수도 있고 (그 경우에는 여유돈이 충분히 있어야겠죠?) 준비가 되는대로 바로 일을 할 수도 있을 겁니다. 그럼에도 굳이 300만원을 언급한 이유는 한달정도 생활해보다가 도저히 외국이 맞지 않는다고 느껴진다면 거기에 소요된 생활비 + 돌아오는 비행기값 정도가 형성되기 때문에 구체적으로 언급해보았습니다.

그렇다면 그 큰돈을 한국에서 모두 환전해서 떠나느냐 하면 그것도 아닙니다. 당장 도착해서 사용할 금액 정도(30~50만원)정도만 환전해 두어도 충분하기도 하고 전혀 사용하지 않기도 합니다.

과거에는 외국에서 한국의 체크카드가 사용되지 않아 무조건 비상사태를 대비한 신용카드를 챙겨야 했었는데요. 사실 신용카드는 부모님의 혜택을 빌리지않는 이상 한국의 20대 청년들이 자체적으로 만들기는 쉽지 않습니다. (신분이 확신한 가족이 보장해주거나 본인 스스로가 4대보험이 들어있는 직장이 있었어야 만들 수있습니다)

하지만 요즈음에는 은행별로 본인이 국내외 겸용으로 쓴다고하면 어느 은행이든 가능한 체크카드를 발급해주기 때문에 그런 걱정을 덜 수 있습니다. 그 말인즉슨 외국에서 체크카드를 바로 긁어도 자동결제가 된다는 뜻입니다. 때문에 과거처럼 비상시에 현지은행계좌를 확인하고 한국은행과 현지은행간의 송금방식을 사용하는 식의 방법을 사용할 필요없이 한국의 본인통장에 송금을 받으면 언제든지 출금해서 사용이 가능합니다.

 다만 여기에서 은행별로나 체크카드의 혜택별로 수수료 차이가 크게 발생하는데요. 작게는 몇백원이 들수도 있고 크게는 몇천원 혹은 %로 부담하는 것도 많습니다. 때문에 은행을 방문해서 외국에서 사용할 때 가장 이상적일 수 있는 체크카드를 문의해서 만들도록 합니다. (외국의 ATM기에서 자동환전되어 그 나라의 화폐를 인출할 수도 있는데 이 경우의 수수료도 확인하도록 합니다)

 그 이외에 환전을 하는 경우 1금융권 은행에서 인터넷 등으로 사전 예약할 경우 환전수수료 인하 혜택을 받을 수 있습니다. 더 나아가서 개인간의 환전거래를 할 경우 은행환율보다 더 높은 환율과 수수료 없는 상태로 거래도 가능합니다. (우리나라 법상 500만원 이하의 환전거래는 허가가 되어있으며 외국에서도 소액의 환전일 경우 문제가 없는 것으로 알고 있습니다) 다만 이 경우 약간의 사기나 기타 위험요소가 발생할 수 있기 때문에 가급적이면 거래는 공공장소에서 그리고 확실한 확인절차를 거친 후에 진행하도록 합니다.

외국에서는 어떤 신분증을 사용해야 하죠?

국제학생증

 대학생이라면 워홀을 떠나거나 혹은 해외여행을 갈 경우 국제학생증을 발급받아서 혜택을 누릴수있습니다. 호주나 뉴질랜드 지역도 혜택이 없는 것은 아니지만 사실 이 국제학생증은 유럽을 여행할 경우 받을수 있는 혜택의 범위가 훨씬 넓으니 참고하시길 바랍니다. (구체적인 혜택은 시기마다 약간의 변동이 있으니 ISIC(International Student Identity Card) 사이트를 참고하시길 바랍니다)

 다만 한국에서는 학생증이 20살 전후만 아니라면 신분증의 역할도 겸하게 되지만 외국에서는 법적으로 국제학생증은 신분증으로 취급하지 않습니다. (국제학생증으로 무사히 검사 등을 통과한 경우도 있다고는 하는데 그 부분은 경찰 등의 재량으로 넘어가 준 부분이며 법적으로는 효력이 없습니다) 때문에 국제학생증을 여권 등의 신분증 대용으로 사용하는 것은 불가합니다.

운전면허증

 최근에 발급되는 운전면허증의 경우 요청하면 뒷면에 영문으로 표기가 되어 별도로 국제운전면허를 경찰서에 신청하지 않아도 된다고 합니다. 다만 이 경우에도 한국의 면허를 외국에서 신분증 대용으로 사용하지는 못합니다. 입국하면서 관련 팸플릿 등을 살펴보면 알 수 있겠지만 현지에서 장기간 체류하면서 운전을 하길 원한다면 한국의 면허증을 이용해서 현지면허증을 발급받아야 합니다. (단기의 경우 운전과 자동차 렌트가 가능하지만 기간이 짧습니다. 그리고 그 기간의 경우도 각 나라 안에서도 주마다 기간이 다릅니다)

이렇게 현지면허증을 새롭게 발급받는다면 그 면허증은 신분증 대용으로 사용이 가능하기 때문에 현지에서 운전계획이 있거나 자동차 구매를 고려하고 있다면 발급하는 걸 추천합니다. 이 때 현지 기관에서 면허증을 발급받기 위해서는 영문으로 된 한국면허공증이 필요한데 이러한 절차는 영사관이나 대사관에서 진행해줍니다. 앞에서 언급한대로 영사관이나 대사관을 대도시에 위치해있으니 대도시에서 여러 서류신청을 할 때 계획이 있다면 함께 진행하는 것이 좋겠죠?

여권

외국에서 외국인이 공식적으로 신분을 증명할 수단은 여권이 유일합니다. 다른 대체 신분증들은 어디까지나 대체제이며 어떤 문제가 생겼을 경우 모든 행정기관에서 공통적으로 여권을 요구합니다. 그렇기 때문에 구직을 해서 반복되는 출퇴근 등의 환경이 아닌 여행을 하고 있는 중이라면 여권을 휴대해서 다니는 습관을 들여야 합니다.

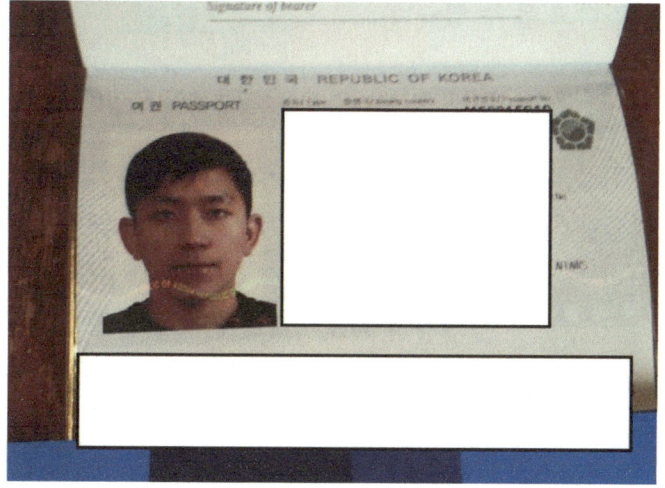

보험을 가입해야 하나요?

 보험가입에 대해서는 사실 영어권 워홀이 가능한 나라들은 대부분 의무가입은 아닙니다. (그 외의 국가들은 보험 가입이 필수인 경우도 있다고 합니다) 한국에서 별도로 가입하고 출발하는 것이라 당사자의 선택에 맡긴다고 볼 수 있습니다.

 저의 경우에는 사실 외국생활하면서 아무보험도 가입하지않고 돌아다녔는데요. 하지만 여력이 된다면 보험가입을 추천합니다. 저는 호주에 있으면서 조류독감에 걸린 적이 있고 뉴질랜드에 있을 때는 피부병에 걸려서 오랫동안 고생했던 적이 있습니다. 그런 순간들에 응급실이나 진료비, 치료비 등을 온전히 제가 부담할 수밖에 없었는데요.

외국생활을 해본다면 알게되겠지만 한국의 의료시스템은 전세계적으로 따라올 수가 없기도하고 외국에서는 진료를 볼 때 무척 불편한 단계들을 거쳐야 합니다. 한국에서는 피부병이 생기면 피부과를 가고 눈에 이상이 생기면 안과를 가는게 당연한 거라 새삼스러울게 없습니다. 심지어 진료비도 무척 저렴한 편이죠.

하지만 외국에서는 그와 같은 전문의의 병원은 스페셜 리스트 병원이라고해서 바로 진료를 볼 수 없습니다. 1차로 GP라고 하는 일반의가 하는 진료소에서 진료를 받고 GP가 스페셜리스트의 진찰이 필요하다고 느낀다면 소견서를 받아서 2차로 진료를 받는 구조입니다. 시간도 두배로 들 뿐더러(심지어 예약이 선행되지 않으면 진료받기가 어려운 것이 대부분입니다) 비용도 훨씬 많이 소요됩니다. (처음 일반의의 진료를 받았을 때 외국인이라 단순진료비가 8만원 정도가 들었습니다)

특히나 언어적으로 소통이 어려운 경우에는 일반의에

게 증상을 제대로 설명할 수도 없고 일반의도 전문의가 아니기 때문에 정확한 원인을 파악하지 못하고 기본처방으로 그치는 경우가 많습니다.

 위와같은 점들 때문에 보험을 가입하는 것을 권유하기도 하지만 최근 보험들의 가장 큰 장점은 보험사에서 카톡이나 국제전화를 통해 현지에서 바로 진료가 가능한 병원과 연결해주기도 한다는 점입니다. (그리고 가능하다면 한국인의사와 연결해주려고 합니다)

 호주에서 사귄 한국인 친구의 경우 카페에서 샌드위치 메이커라는 포지션으로 일하고 있었는데요. 어느날은 빵칼에 손가락 하나가 크게 베여버리는 상황을 겪었습니다. (살점이 떨어져나갈정도였습니다) 그 때 그 친구의 경우 한국에서 미리 보험을 가입하고 왔어서 바로 진료가 가능한 한국인의사와 연결되었습니다. 치료하는데에 시간은 다소 걸렸지만 지금본다면 상처가 있었는지도 모를정도로 말끔히 나았고요. 비용도 보험 덕에 하나도 지불하지 않아도 되었구요. (연결해 준 보

험사에서 자체적으로 바로 지급처리 되었답니다)

 이렇게 해외에서 언제 어느순간에 상해가 발생할지 모릅니다. 해외체류보험이 가격대가 꽤 있는편이라 가급적이면 안아프고 다치는 일 없이 생활이 마무리되면 좋겠지요. 그렇지만 여력이 된다면 보험가입은 꼭 진행하길 추천드리며 저 역시도 추후에 장기간 나갈일이 생긴다면 꼭 가입할 생각입니다. (저같은 경우 해외에서 병원비로 지출했던 비용이 보험가입비보다 더 들었습니다)

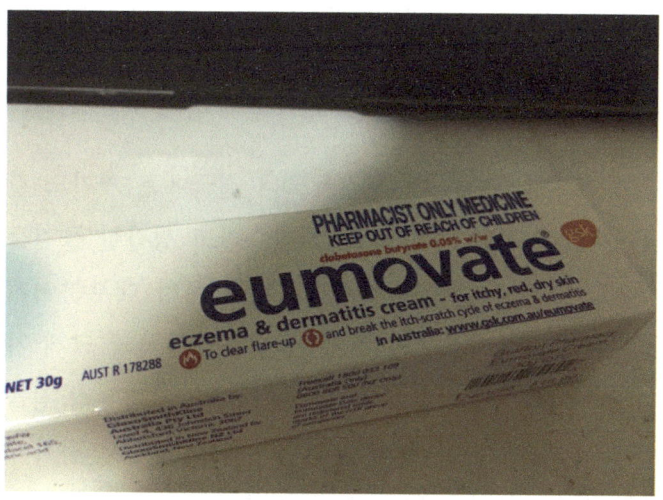

꼭 챙겨야할 준비물이 있나요?

출국 전 챙겨야 할 준비물을 점검해봅시다.

저의 경우 처음 외국을 나갈 때는 수많은 걱정에 부랴부랴 많은 짐들을 필수준비물인 것처럼 싸들고 나갔었는데요. 여행의 기간과 빈도가 길어질수록 짐들은 점점 간소화되었습니다.

그 이유가 무엇인가 생각해보니 결국에는 거기도 같은 사람이 사는 곳이고 내가 필수라고 생각한 물건들은 그 나라 사람에게도 필수품인 경우가 대부분이기 때문입니다. 필수품의 경우 가격대가 한국과 크게 차이가 나지도 않기 때문에 한국에서부터 부랴부랴 짐을 싸서 힘들게 들고갈 바에야 현지의 마트에서 편하게 구매할 수 있는 돈만 준비해나간다면 사실 만사 오케이라고 할 수 있습니다.

 그럼에도 불구하고 준비해나가겠다고 한다면 코드와 전압이 다르기 때문에 변경을 해줄수있는 어댑터와 거기에 연결할 수 있는 멀티어댑터 정도가 아닐까요. 물론 현지에서도 조달이 가능할 물품들이지만 비용이나 퀄리티는 오히려 한국이 더 좋은 부분도 있고 현지에서 필요한 정보 대부분을 디지털기기를 통해서 얻어야 할텐데 배터리 방전이나 기타 문제로 간극이 발생하면 곤란하기 때문에 언급해봅니다.

 그리고 필수상비약. 물론 외국에서도 전문의약품이 아닌이상 기본적인 의약품은 구매가 가능합니다. 다만 우리나라에서는 타이레놀이 해열진통제의 기본이지만 외국에서는 또 다른 이름의 같은 기능을 가진 약품이 기본으로 사용될 수도 있기 때문에 기왕이면 확실하게 효과를 알 수 있는 약을 구비하고 가는게 심적으로 안심이 되겠죠. (이름은 다르더라도 기본약들은 언제든

지 구매가능합니다)

 그리고 만약에 피부가 예민하다거나 하다면 정수필터를 챙겨가는 것도 사실 큰 도움이 됩니다. 현지인들의 경우 이미 적응이 되어있기에 필요하지 않지만 사실 외국나가서 제일 큰 곤란을 겪는 부분이 물이 몸이 맞지않아서 나는 피부트러블입니다. 없을수도 있고 짧게는 하루이틀 고생하다 끝나기도 하지만 저처럼 장기간 문제가 생겨서 진료를 받아야할 일이 생길지도 모릅니다. 외국에서도 찾아보면 구할수는 있겠지만 그 나라에서는 필수품이 아닌만큼 비용이나 발품이 더 들거고 품질 면에서도 많이 떨어질 것입니다. 때문에 한국에서 구비해간다면 큰 도움일 될 것입니다.

 그 외에는 사람마다 조금씩 필수라고 생각하는 물품들을 챙겨가도록 합시다. 저의 경우에는 비염이 다른 사람보다 심해서 의사선생님께 말씀드린 후 비염관련 제품은 전문의약품으로 챙겨갔습니다. 다만 이 경우 마약성 제품이 아닌 경우에 큰 문제가 생기진 않겠지만 그럼에도 전문의약품을 챙겨간다면 의사선생님께 어떤 이유로 이 약을 처방받았는지에 대한 진단서 정도는 지참할 수 있도록 해야합니다.

해외에서

휴대폰은 어떻게 한국처럼 쓸 수 있나요?

 해외에서 가장 먼저 직면하는 문제이며 공항에서도 손쉽게 진행할 수 있는 휴대폰 개통에 대해서 이야기 해보겠습니다.

 과거 2G폰 시절보다는 훨씬 이 부분에 대한 중요성이 올라갔습니다. 인터넷이 활발하지 않던 시절의 워홀의 경우 사전에 미리 준비하거나 책, 지도 등을 통해서만 사전에 숙지하고 워홀을 시작했다면 지금 시대에는 휴대폰 하나로 지도, 책, 예약 등등을 모두 수행하게 되었습니다. 그러기 위해서는 인터넷을 사용할 수 있는 데이터환경이 구축되어야 합니다.

 기본적으로 공항에서는 무료와이파이가 제공되는 경

우가 많습니다. (어떤 공항에서는 최초 접속 한두시간만 무료인 경우도 있고 상황에 따라서는 유료인 경우도 있습니다만 그럼에도 불구하고 공항이 와이파이 존이라는 사실은 변함이 없습니다)

입국 수속을 마치고 공항으로 나오게되면 가장 먼저 와이파이로 여러가지 상황을 판단할 수 있겠죠? 하지만 공항만 벗어나면 다시 인터넷이 되지 않기 때문에 원활한 사용을 위해서는 공항 안에 비치된 각 통신사에서 개통을 해야합니다.

과거에는 핸드폰을 아예 현지에서 구매하거나 현지에서 호환이 되는 기종을 미리 구비해서 갔어야했지만 현재는 대부분의 나라가 유심이 통일되어서 간단히 사용이 가능한 유심으로만 교체한다면 이용에 문제가 없습니다.

여기서 먼저 알아둘 것은 한국과는 다르게 현지에서는 유심이 충전형이며 선불이라는 것입니다. (물론 한국과 같이 후불요금제로 매달 청구되는 방식도 있지만 보통은 2년 이상의 약정이 있기 때문에 워홀러나 여행자에게는 적절하지 않고 학생이나 현지인들에게 적절한 상품입니다)

 때문에 본인에게 맞는 선불요금제를 선택해서 구매하면 됩니다. 보통 음식점의 경우 공항이라면 바가지나 추가요금이 붙고는 하는데 다행스럽게도 통신사의 경우 정가제로 운영되기 때문에 추후에 시내에서 구매하더라도 요금에 대한 차이는 없습니다.

 선불요금제도 다양하게 있어서 본인이 데이터를 많이 쓴다면 다소 비싸더라도 데이터 위주의 요금제를 평소 인터넷을 많이 쓰지 않거나 간단한 검색 등등만을 이용한다면 저렴한 요금제로 구매하면 됩니다. 이 때 매달 선불로 요금이 빠져나가며 갱신되는 요금제가 있고 본인이 원하는 기간만큼 사용하고 종료되는 요금제도 있기 때문에 매장에 구비되어있거나 유심패키지에 어떤 타입인지 잘 확인해야 합니다.

외국에서 지내보면 차츰 느끼겠지만 한국보다 인터넷이 원활하거나 빠른 나라는 단언컨데 없습니다. 때문에 다소 느리거나 답답함을 호소할 일이 종종 생기겠지만 그것도 다르게 보면 해외생활의 일부분이고 한국의 장점을 다시 되새기게 되는 부분이 아닐까 싶습니다.

은행 계좌는 어떻게 만들어야 하나요?

 현지에 도착했을 때 가장 우선적으로 해결해야 할 문제 중에 하나입니다.
아무래도 초반에 모두들 여유현금을 준비해서 갈텐데 숙소도 확정되지 않은 상황에서 매번 들고다니기도, 그렇다고 마냥 안심하고 숙소에 현금을 두고 다닐수도 없기 때문입니다.

 앞에서도 언급했지만 사실 대도시에서 이와같은 초기 서류업무를 해결하고 어딘가로 이동하는 것이 가장 좋은 방법입니다. 추천하는 이유를 다시 언급하자면...

1) 현재 웬만한 대도시의 일부지점에서는 한국인 상담사나 직원이 대기하고 있습니다. 때문에 계좌개설도

한국에서처럼 편하게 진행할 수 있으면 추가로 필요한 사항(적금 전용 계좌를 추가 개설한다거나 은행관련 문의사항)을 구체적으로 물어보고 진행할 수 있습니다.

2) 나라마다 조금 다를 수 있지만 계좌개설이 지점에서 바로 이루어지는 것이 아니라 신청 후 관련우편 수령 이후에 사용이 가능한 경우가 있습니다. (특히나 계좌 자체는 개설이 되어서 은행이나 핸드폰 앱에서 조회가 가능하더라도 실제로 사용할 수 있는 카드의 경우 대부분 우편으로 발송됩니다) 이 때 도시의 주소로 수령을 하게되면 일주일 안에 대부분 해결이 되지만 시골이나 지방으로 수령을 요청하면 작게는 일주일 길게는 한달 정도가 소요될 수 있습니다. (한국에서 처럼 당일 배송이 된다거나 매끄러운 우편 체계를 갖추지 못한 것이 기정사실)

그렇다면 도시나 시골의 구분을 떠나서 계좌를 개설하기 위해서 필요한 준비물을 체크해봅시다.

하나, 신분을 증명할 수 있는 여권 그리고 제출시에 필요한 사본.

둘, 비자상태가 계좌개설이 가능한 비자여야 하기 때문에 비자승인이 난 메일의 사본.
(워킹홀리데이 비자나 학생비자는 계좌개설이 가능하지만 관광비자는 어렵습니다)

셋, 현재 머무르고 있는 주소지를 적을 때 경우에 따라서 그 주소에 지내고 있다는 증명을 요구하기도 합니다. 이 경우 쉐어나 개인집에 머물고 있다면 해당주소의 우편물을 지참합니다. 혹은 게스트하우스나 호텔에 머물 경우 담당직원에게 증명이 가능한 서류를 요구해서 지참합니다. 나중에 관련 우편이 날아오기 때문에 가급적 본인이 계속 머물고 있거나 지인의 주소거나 숙박시설일 경우 직원에게 미리 이야기해서 보관해둘 수있는 환경을 준비합니다.

Dear MR M KIM,

Your new ANZ Account details

Thank you for opening your accounts with ANZ Royal Bank.

Product Name		Account Name	BSB	Account Number
Access Advantage	(Transaction a/c)	KIM MINUK		
Online Saver	(Interest a/c)	KIM MINUK		

Your Customer Registration Number

Customer Registration Number

Phone Banking Account Codes

02 Prime Savings

With ANZ Internet Banking and ANZ goMoney™, you can complete most of your day-to-day banking needs in next to no time, such as paying bills, checking balances and transferring funds.

These services give you access to your personal and business banking information 24 hours a day, seven days a week*.

Customer Registration Number (CRN):

Note: To protect the security of your Internet Banking do not record your Telecode or password on this card.
* Temporary service interruptions may occur.

ANZ Internet Banki

When using ANZ Internet Ba has security measures in pl any unauthorised transact victim of fraud, we guara unauthorised transactio contribute to the loss a unauthorised transact

In addition to this, w claims of up to $10, Banking Guarante of receiving your

장기로 머물 숙소는 어떻게 구하나요?

해외에서 거주할 장소를 마련하는 곳은 크게 4가지로 나눌 수 있습니다.

1. 백패커스 (게스트하우스)
2. 홈스테이
3. 플랫 (쉐어)
4. 렌트

1. 백패커스 (게스트하우스)

 백패커스나 게스트하우스 같은 경우에는 해당 나라에 처음 도착하거나 나라 내에서 지역이동을 진행하였을 경우 초반에 이용하기에 유익한 수단입니다. 다소 비용이 드는 호텔에 비해서 공동으로 주방이나 욕실을 이용해야하는 단점이 있지만(주방을 이용하는 부분은 호텔에서는 이용하기 어려운 만큼 장점으로 작용할 수 있습니다. 또한 같은 주방을 공유하는 건 같은 숙박시설을 이용하는 외국인들과 가까워지는 계기가 될 수도 있습니다.)

저렴한 비용에 원하는 날짜만큼 머물수있는 장점이 있습니다. 지불하는 비용에 따라서 16인실, 8인실, 4인실, 개인실 등으로 나뉘어지며 다인실의 경우 남녀혼성으로 선택도 가능합니다. (개인실의 경우 욕실/화장실이 별도로 있는 옵션도 있습니다.)

다만 장기간을 이용하기에는 몇가지 단점이 존재하는데 첫째로 다양한 사람이 이용하고 계속해서 사람들이 바뀜에 따라서 보안적인 부분에 취약한 점입니다. 귀중품이나 비싼 전자제품 등을 분실하는 사고가 자주 발생합니다. 둘째로 그 공간의 규정상 특정기간 이상 같은 룸을 이용하지 못하게 되어있기 때문에 계속해서 같은 시설을 이용하더라도 주기적으로 호실을 변경해야하는 번거로움이 있습니다. (이런 부분을 다소 개선한 민박형태의 시설도 있긴 합니다.)

그리고 아무리 다인실을 쓰더라도 비용적인 측면에서 보면 플랫을 구해서 들어가는 것보다 큰비용이 들기 때문에 가까운 시간에 지역이동이 예정되어 있지 않다면 가급적이 임시적인 숙소로 계획하는 것이 좋습니다.

2. 홈스테이

각 나라별 관련 사이트에 접속해보면 홈스테이를 비교적 쉽게 구할 수 있습니다. (어학원에 문의 후 이용도 가능합니다.) 홈스테이의 가장 큰 장점은 현지인의 가정에서 생활하고 문화를 직접적이고, 어떻게 생각하면 강제적으로 접하게되고 습득하게 되는 부분입니다. 이 경우 언어적인 부분도 마찬가지겠죠? 아무래도 다른 주거 시설에 비해서 문화습득이나 언어습득에서 **훨씬**

큰 이득이 있습니다. 어학이나 해외문화체험이 목적이라면 사실 가장 좋은 방법입니다.

다만 단점들이 몇가지 있는데 첫째, 비용적으로 가장 많은 지출이 있습니다. 아무래도 숙식모두를 제공받는 만큼 다른 방법보다 비용이 가장 많이 소요됩니다. 그리고 그 가정에 들어가서 생활하는 것이기 때문에 식사시간도 본인이 원하는 시간이 아닌 그 가정에서 제공하는 시간에 맞춰서 해야 제공받을 수 있으며 그 외에도 화장실이나 욕실의 이용에 있어서도 가정의 룰을 따라야합니다. 여기에 따라서 홈스테의 환경이 크게 좌우되는데 비교적 관대하고 너그러운 홈스테이의 들어갈 경우 무척 편하고 만족스러운 생활이 되겠지만 반대의 경우 많은 자유가 제한받고 극단적으로 군대에서 생활하는 것마냥 스트레스를 받을수도 있습니다. 때문에 지인들의 홈스테이 후기를 들어보면 감상이 양극단으로 나뉘는 경우가 많습니다. 이런 부분을 생각해보아야 합니다.

3. 플랫 (쉐어)

사실 해외생활에서 대부분의 워홀러나 유학생들이 선택하는 방법은 플랫입니다. 렌트를 한 렌트주가 따로 있고 그 렌트주가 렌트한 아파트나 주택의 방을 세놓는 형식의 주거형태입니다. 독방의 형태도 있고(다인 플랫보다 비용이 비쌉니다)

보통은 2인실이나 3~4인실로 구성되어있습니다. 비용적인 측면에서 다른 주거형태보다 큰 이득이 있으며 한번 플랫을 시작하게되면 함께하는 구성원이 적게는 한달, 길게는 몇달동안 변하지 않기때문에 구성원같에 유대나 보안적인 부분이 상대적으로 좋습니다. 나아가서 마음이 맞는 플랫메이트들을 만난다면 다양하고 즐거운 경험을 함께할 수도 있습니다. (가장 단순하게는 음식을 같이 나눠먹는 형식이겠죠?)

다만 이 경우에도 장점만 존재하는 것이 아니라서 단점도 몇가지 있습니다. 첫째로 구성원같에 합이 잘 맞지않는다면 오히려 장기간 불편한 생활이 지속될 것입니다. 불편한 구성원이 나가거나 본인이 옮기지 않는 한 말이죠. 그리고 욕실이나 주방을 공유하는 부분인 만큼 문화적으로나 개인적으로 불협화음이 자주 발생하기도 합니다.

다른 문화권의 경우에는 말할 것도 없고 같은 한국인들로만 구성되어있는 플랫의 경우에도 냉장고나 욕실의 타인 용품을 무분별하게 사용하는 경우가 많습니다. (당연히 그러지않아야한다고 생각하더라도 해외에서는 사실 그런 상황이 더 빈번하게 일어났던 것 같습니다) 때문에 사전에 주거시설에 대한 확인 뿐만 아니라 같은 공간의 구성원이 본인과 잘 맞을수있을지도 고려해볼 필요가 있습니다.

기본적으로 2주치의 보증금을 별도로 지불하고 나갈 때 돌려받는 식으로 진행이 되는데 이 경우에도 앞서 언급한 귀중품이나 고가의 전자제품이 그 이상의 값어치가 나갈 경우 분실하게 되는 경우도 종종 있습니다.

해외생활에서는 기본적으로 타인에 대한 신뢰를 쌓더라도 개인의 물품이나 신변관리는 언제나 별도로 신경을 써야합니다.

또한 공공연한 일이지만 엄밀히 말해서 렌트한 공간에 플랫을 두는 것은 암묵적인 불법에 속합니다. 때문에 렌트한 업주가 아닌 이상 상대적으로 법적조치나 문제가 발생시에 보호받기가 어려운 부분도 많다는 점과 그런 일이 일어날 수 있다는 부분도 염두해 둘 필요가 있습니다.

4. 렌트

사실 앞서 언급한 방법 중에 가장 마음편한 방식은 렌트 방식입니다.
집주인에게 렌트비만 정상적으로 제공한다면 모든 공간 속 시설 이용에 제한이 없어 스트레스가 적습니다. 또한 한국에서 원룸을 구하는 것처럼 부동산을 통해서 진행되기 때문에 법적으로 다양한 방식으로 보호받을 수 있습니다.

다만 이 경우 문제점은 비용이 크게 지출된다는 점입니다. 한국에서 원룸을 구하는 생활비보다 큰 비용이 지출되며 보통은 빈공간만 제공되기 때문에 생활에 필요한 집기나 인터넷 연결 등 다양한 개인 필요를 스스로 구해서 해결해야 합니다. (대안적인 방법으로 앞선 렌트주가 '테이크오버'라고해서 미리 구해놓은 집기들을 추가비용을 지불하고 그대로 넘겨받는 방법도 있습니다. 다만 이 경우 앞선 렌트주가 혹시 손상시켰을지도 모르는 집의 요소를 필수적으로 체크해야하며 이후 본인이 집을 정리할 때 같은 방식의 '테이크오버'가 아닌 이상 개별적으로 물품들을 처분하고 빈공간으로 인계를 해야합니다.)

다양한 시설들을 구비하고 인터넷 연결비용 등등을 직접해결하는 것은 사실 워홀러의 입장에서는 추천하는 방법은 아닙니다. 장기 유학생의 경우에는 시설등을 구비하여 공간안에 다른 플랫메이트를 구해서 해결하는 방법을 많이 쓰지만 워홀의 경우에는 그정도의 장기 계약이 어렵습니다. 개인이 여유돈이 충분히 많아서 쾌적한 생활을 하고 싶은 경우가 아니라면 추천하지는 않습니다.

외국에서 운전은 어떻게 하나요?

외국에서 운전을 한다는 건 장점도 있고 단점도 있습니다. 다만 이건 특정상황이 아닌 이상 선택사항이기 때문에 (특정사항이란 일하는 곳이 대중교통으로 갈 수 없는 곳이라 부득이하게 차가 필요한 경우) 본인의 상황에 맞게 잘 선택하면 됩니다.

장 점

-해외생활 중에 경험할 수 있는 가짓수가 증가한다.

대도시에 거주한다면 사실 인근은 대중교통으로 다 갈 수도 있고 오히려 더 빠르기도 합니다. 다만 이색적인 관광지나 교통인프라의 바깥쪽 여행지는 대중교통으로 가기가 굉장히 까다롭기 때문에 자동차가 있다면 외국생활에서 경험할 수 있는 가짓수가 훨씬 늘어납니다. 렌트업체에서 차량 렌트도 가능하지만 그와같은 여행을 즐긴다면 구매하는 것이 오히려 경제적으로 이득이겠죠?

-직장이나 거주에 있어서 가능한 범위가 늘어난다.

대도시의 경우 도심에서 벗어날수록 주거비 차이가 큽니다. 저렴한 것에 비해서 컨디션도 좋은 경우가 대부분입니다. 또한 외곽으로 갈수록 주차에 대한 제한도 없기 때문에 (도심 쪽은 주차공간도 많이 없을 뿐더러 비용도 비쌉니다)

좀더 쾌적한 생활을 원한다면 도심 중심보다는 외곽지역에서 더 저렴하게 지낼수있습니다. 자동차 유지비와 주거비를 합쳐도 비슷할수가 있습니다. 또한 외곽지역이나 도심에서 먼 곳에서도 일자리가 항상 있으며 오히려 접근성이 어려운만큼 구직이 쉽습니다. 대중교통으로도 물론 가능하지만 서양권 국가들은 아침일찍 일과가 시작되는 경우가 많기 때문에 대중교통 첫차나 그 이전시간에 출근해야하는 경우가 많습니다. 이런 잡을 보다 쉽게 구할수있습니다.

단 점

-돈을 모으기 힘들다.

이 부분의 경우 비단 외국에서의 문제가 아니라 한국에서도 마찬가지입니다. 자차가 있는 분들은 다 알겠지만 차가 있으면 딱 출퇴근에서 사용하고 더 안 쓰지 않습니다. 가까운 거리도 자차를 이용하고 종종 기분전환으로 장거리도 다니게 됩니다. 때문에 차가 없다면 생기지 않았을 추가적인 지출이 반드시 생깁니다. 자동차를 통해서 돈을 버는 일부 직업군을 제외하고는 사실 차를 산다는 것은 돈을 모은는데 큰 장벽으로 작용합니다.

-자동차는 복불복이다.

차라는 기계장치는 굉장히 복잡한 기계장치라 전문가 지인과 함께가서 차를 살펴보아도 확인할 수 없는 하자가 종종 발생합니다.(새차를 사는게 가장 확실한 방법이지만 워홀이나 단기로 머물 목적으로 가서 새차를 사는 경우는 이제까지 본적이 없습니다) 때문에 저렴하게 샀음에도 불구하고 무척이나 컨디션이 좋은 차량을 확보할수도 있고 비싼 값을 치뤘음에도 불구하고 잔고장에 많을수있습니다. (기본적으로 비용이 컨디션을 보장하는 경우가 많긴 합니다)

외국의 경우 중고차 시장이 한국에 비해 크기 때문에 다양한 가격대와 딜러들이 있습니다만 딜러에게 산다고해도 그 컨디션을 보장해주는 것은 아니며 딜러 스스로도 진짜 새차이거나 확실한 보증이 있지 않은 경우 구체적인 보장을 해주지는 않습니다. 개인간의 거래일 경우 더더욱 리스크가 크겠죠? 가장 좋은 길은 적절한 가격에 중고차를 구매하고 잘 이용하다가 비슷한 가격으로 다시 팔게되는 것이지만 경험상 그럴수있는 경우가 많지는 않았습니다.

주의사항

외국에서는 한국에서보다 비교적 쉽게 돈이 모이고 중고차 시장 자체도 다양한 가격대의 매물이많습니다. 또한 대부분이 큰 대륙이기 때문에 자동차에 대한 필요욕구가 항상 생깁니다. 그렇더라도 추천하건데 운전경험이 없다면 절대 구매하지 않기를 권장합니다.

외곽지역에 산다면 차량도 많지않고 운전도 어렵지 않을 것 같아서 쉽게 운전을 할 수 있을 것 같지만 조금만 도심에 근접하더라도 복잡한 신호체계와 우리나라와는 다른 규칙들이 존재합니다. 운전에 익숙하다면 금방 적응할 문제겠지만 운전이 미숙할 때는 두가지 모두를 주의할 수 없고 사고가 일어날 가능성이 높아집니다.

개인적인 경험을 이야기해보아도 한국에서 거의 장롱면허인 상태에서 외국에서 무모하게 차량을 구매하고 운전을 했었는데요... 사실 사고가 몇 번 있었습니다. 다행히 인명피해는 없었고 개인적인 재산피해들만 몇 번 생겼지만 조금만 어긋났어도 큰 사고가 됐을순간들이 많았습니다.

이후에는 한국에서도 운전이 능숙해지고 외국의 문화도 좀 더 익힌 후에야 무사고로 자유롭게 다녔지만 앞서 언급했듯이 장롱면허인 상태에서 시작하게 된다면 위험이 큽니다. 외국에서의 생활에서 차량이 없다는 건 다소 불편할 수는 있지만 그 이외에도 경험할 수 있는 것들이 무궁무진하고 방법도 다양하기 때문에 운전경험이 없다면 운전은 가급적 하지않기를 권하겠습니다.

약국이나 병원은 어떻게 이용하나요?

외국생활을 하면서 가장 크게 느끼는 한국의 장점 중 하나는 의료시스템입니다. 한국에서는 꽤 당연하고 편의성있게 접근할 수 있는 의료시스템이 외국에서는 전혀 다른 체계로 작동되기 때문입니다. 한국에서는 눈이 안 좋으면 안과를, 피부가 안 좋으면 관련 증상에 있으면 피부과를 가면 됩니다. 한국에서는 이게 당연한 것이고 특별하지 않지만 외국에서는 그렇지 않습니다.

대부분의 외국에서는 의료시스템이 1단계, 2단계 등등을 거쳐서 상급기관으로 가게 되어있습니다. 때문에 우리나라의 안과나 피부과 같은 전문의(스페셜리스트라고 부릅니다)의 진료를 바로 받을 수 없습니다. 1단계인 GP(일반의)의 진료를 받고 GP의 소견서를 기반으로 2단계인 스페셜리스트의 진료를 받을 수 있습니다. 급한 상황의 경우 대형 병원의 응급실로가서 따로 조치를 받을수도 있습니다만 한국과는 비교도 안 될 정도의 의료비 폭탄을 맞을수도 있습니다.

비단 응급실이 아니더라도 자국민인 시민권자나 영주권자가 아닌 이상 외국인을 대상으로 한 의료비 자체가 높게 책정되어 있습니다.
그렇게 치료를 받더라도 의료수준이 높으냐 하면 그것도 아닙니다. 워홀로 쉽게 갈 수 있는 뉴질랜드나 호주, 캐나다에서 흔히들 하는말로 대형병원에서 가장 많이 사망하는 원인이 맹장같은 우리나라에서는 가볍게 수술하고 끝나는 수술을 하지 못해서 이루어진다고 합니다. (이런 부분에서 뜻하지않게 우리나라의 장점을 발견하게 됩니다)

외국에서는 우리나라에 비해서 의료인의 비율이 무척이나 낮습니다. 그 이유를 따라가보면 직업에 귀천이 없다는 사유적 부분이나 배관공이나 기타 전문직 기술자와 의사의 연봉이 크게 차이가 나지 않는 점 그럼에도 불구하고 막대한 학비와 시간을 들여서 의료인이 되어야 한다는 점. 그렇게 되더라도 늘 의료인력이 부족한 상황에서 워라밸이 갖춰진 생활이 어려운 점 등이 낮은 의료인의 원인이 되겠지요.

때문에 가급적 의료적인 문제가 있을 경우 한국에서 모든 치료를 마치고 외국으로 떠날 것 그리고 혹시모를 의료비 지출을 대비해서 충분한 보험 가입을 해놓는 것이 하나의 답이 될 수 있습니다.

이 모든 상황에서 어쩔수없이 아픈 상황이 생기고 치료를 받아야 한다면 현실적인 대안으로 약국에서 약사와 상담하는 것이 있는데요.

우리나라에서는 의사의 진단서가 있어야만 받을수있는 처방약 일부가 외국에서는 약사의 재량으로 처방이 가능한 범위가 있습니다. 더불어 복약상담이 약사의 의무적인 부분으로 작용하기 때문에 쉽게 의사를 만나기 힘든 외국의 환경에서는 약사와 증세 상담 후 약사에게 제공받을 수 있는 약품들로 치료를 진행할 수도 있습니다. 비용도 한국약국보다 조금 더 비싼 정도이기 때문에 크게 지출이 발생하는 병원에 비해서 하나의 대안이 될 수 있습니다. (다만 증세가 심각하다고 생각될 경우 다소 지출이 있더라도 의사의 진단과 치료를 받는 것이 좋습니다)

생필품을 외국에서도 살 수 있나요?

해외를 나갈 때 가장 먼저 고민하게 될 것들 중 하나가 무엇을 챙겨갈 것인가? 이겠죠.
해외생활이 처음인 분들은 혹시 모를상황을 대비해서 챙겨갈 수 있는 모든 것을 챙겨가려고 합니다. 반대로 해외경험이 많은 사람들은 짐을 가볍게 싸거나 기념품 등의 선물 등으로 캐리어를 가득 채우는데요. 그 차이는 무엇을 해외에서 구비할 수 있는가 없는가를 모르기 때문일 것입니다.

앞에서는 여러번 언급했지만 어느 나라를 가든지 그 나라도 우리와 같은 (인종이나 언어는 다를지라도) 사람이라는 것과 기본적으로 필요한 물품들은 같다는 것입니다. 예를 들어 우리가 자주, 흔히 쓰는 물품으로 샴

푸나 바디워시, 칫솔, 치약 등은 그 나라에서도 일반마트나 생필품 점에서 구비가 가능합니다.

그럼에두 불구하고 우리가 챙겨야 하는 제품들은 크게 생각할 때, 개인적으로 더 맞는 제품이거나 품질적으로 훨씬 차이가 나서 현지에서 구하는게 좋지 않을 때입니다.(그리고 대부분 서양 국가들의 의류나 생필품보다 우리나라에서 유통되는 제품들이 훨씬 질적으로 우수합니다.)

개인적으로 맞는 제품 같은 경우에는 의약품 종류가 있겠죠. 우리나라에서는 흔히 두통약으로 타이레놀(아세트아미노펜)이나 부르펜(이부프로펜 계열)을 쓰는데 개인에 따라 더 적절한 약이 있을 겁니다. 외국의 약국에서도 비슷한 성분의 약은 물론 판매하겠지만 아무래도 한국에서 먹던 것에 비해서 몸에 맞지 않을 수 있습니다.

다른 경우 칫솔이나 치약, 치실, 면도기 같은 기초생필품의 경우에도 현지에서도 판매를 하지만 아무래도 국산제품이 현지 제품보다 품질 면에서 훨씬 우수합니다. 해외 체류가 1년을 넘어서 수년 단위가 되어버리면 물론 현지 물품에 익숙해질 필요가 있겠지만 1년 정도의 기간이라면 챙겨서 간 제품만으로 충분히 쓸 수 있기 때문에 본인이 체질이 민감한 편에 속한다면 챙겨가기를 권장합니다.

일을 구하려면 필요한 게 있나요?

현지에 도착하면 각 나라별로 일할수있는 번호를 받아야 합니다. 명칭은 저마다 다른데요, 뉴질랜드에서는 IRD넘버, 호주에서는 TFN, 캐나다에서는 SIN 등등 나라별로 이름을 가지고 있습니다. 이와같은 번호의 공통된 특징은 해당번호로 외국인이지만 노동을 통한 납세자임을 확인하고 추후 세금환급 등에도 혜택을 받을 수 있게 만들어 줍니다.

한국에서는 주민등록번호가 이 역할을 대신해줍니다. 4대보험이 가입되어있는 업체에서 일해본 경험이 있다면 임금의 일정부분을 세금으로 가져간다는 것을 알게 됩니다. 비자 상태가 합법적으로 노동이 가능한 상태라면 각 나라 담당 기관에서 온라인으로 신청할 수 있습니다. 다만 신청 후에 메일 등으로는 임시번호가 발급되고 실제번호는 현지에서의 우편물로 발송되니 한국에 있을 때보다는 현지에 도착해서 어느정도 머무르는 주소가 확보되었을 때 신청하는 게 좋습니다. 앞서도 언급했지만 이와관련한 서류들은 가급적 대도시에 머무르면서 해결하는 것이 빠르게 수령하고 추후 문제가 없는 편한 방법입니다.

일부 캐시잡(대체로 캐시잡은 불법입니다)을 제외하고는 모든 근로관계에서 필요하며 추가적인 근로자보호나 퇴직금 등을 수령시에도 필수적입니다. 모든 생활이 마무리되고 한국으로 귀국할 때 이 번호를 통해서 세금환급 신청도 가능하기에 잊지말고 챙겨둡시다.

Your Australian tax file number

Dear MR KIM

We are writing to tell you that your Australian tax file number (TFN) is:

Your TFN is an important part of your Australian tax and superannuation records as well as your identity. In the wrong hands it could be used to commit fraud, so **keep it safe**.

We recommend you securely store this letter and any other document which displays your TFN.

What you should know about your TFN
Your TFN is yours for life, even if you come to Australia to work or if you change your details.

Only certain people and organisations can ask you for your TFN, the most common being:
■ the Australian Taxation Office, if you contact us or lodge an Australian tax return
■ your Australian employer, if you start a new job in Australia
　　　　　　　　institution or superannuation fund.

비상상황이 발생하면 어떻게 해야 하죠?

해외생활을 하다보면 종종 본의 아니게 위기 상황에 직면하게 되는 경우가 생길 수 있습니다. 이미 현지에서 사귄 지인이 있어서 현지인의 도움을 받을 수 있다면 가장 좋은 방법이겠지만 그러기 어려운 상황이라면 영사관이나 대사관 혹은 경찰, 병원(앰뷸런스) 등의 도움의 손길이 필요할 수도 있습니다.

우리나라 외교부에서 운영하는 워킹홀리데이 인포센터라는 사이트가 있습니다. 여기에는 도움이 되는 많은 자료들이 갖춰져있습니다. 국가/지역소개에서부터 시작해서 현지에서의 안전에 관한 정보(현지 우범지대도 공유되어 있습니다), 초기정착, 구인, 여행 정보 등도 공유되어 있어서 가기 전 참고해볼만 합니다.

다른 정보는 미뤄두더라도(현실과 일치하지 않는 것 같은 설명도 꽤 있습니다) 안전에 관한 정보는 별도로 메모해 뒀다가 긴급상황시에 응급전화 등으로 활용할 수 있도록 합시다.

농장은 어떤 곳인가요?

해외생활이나 워킹홀리데이를 생각하고 주변에 물어보면 한 번쯤은 들어보았을 '농장'입니다.
흔히들 주변 지인으로부터 들은 농장의 경험담은 부정적인 경험들이 많거나 전부일 겁니다.

저의 주변의 경우 긍정적인 경험도 부정적인 경험도 모두 있습니다. 많은 돈을 벌려고 농장으로 간 친구, 비자의 연장을 위해서 농장으로 간 친구, 친해진 외국인이 농장 슈퍼바이저(관리자)여서 들은 여러 이야기들 등등 많은 경험담과 이야기들이 있습니다.

결론부터 말하자면 농장에서 일하는 것은 추천하지 않습니다. 이유를 이야기하자면 위험이 존재하기 때문입니다. 해외생활이라는 것이 기본적으로 무슨 일을 하든 위험이 존재하는 일이고 너무 겁만 먹어서는 시도 자체를 하지 않게 됩니다. 때문에 어느 정도 위험은 늘 감수하며 나아가야하는데요.

그럼에도 불구하고 농장에서의 일을 추천하지 않는 것은 그 위험성이 더 크기도 하며 위급시에 도움을 요청하기가 마땅치않기 때문입니다. 농장이라는 작업현장의 특성상 도시에서는 상당히 떨어진 곳에 위치할 수밖에 없고 숙소도 인근에 딸려있는 경우가 대부분입니다. 숙소의 컨디션도 대부분(농장 근처에서 숙소가 깔끔하고 좋았다는 말은 들어본적이 없는것같습니다) 낙후되어있고 외곽지역인만큼 핸드폰을 통한 인터넷도 안 터지는 경우가 종종 있습니다.

거기에 반해서 농장일에 종사하는 사람들은 대부분 건장한 사람들이 많아서 트러블이나 문제가 발생했을 때 자력으로 해결하기가 어렵습니다. 물론 많은 친구들이 농장에서 사귄 친구들과 파티를 하거나 즐거운 경험을 쌓는 경우도 많습니다. 실제로 안 좋은 경험을 공유하는 사람들은 소수이지만 해외에서 생활하면서 필요한 마음은 위험을 알고 경계하는 마음가짐입니다. 때문에 어쩔수없는 상황이 아니고서야 추천하지 않습니다.

비자를 연장하기 위해서나 도시에서 일을 구하기 어려울 때 주로 농장을 생각하는데 개인적인 대안으로 농장보다는 공장을 추천합니다. 비교적 도심에서도 가깝고 임금체계가 일정하며 외부환경에 의해서 일과가 달라지지 않습니다. (농장의 경우 날씨나 계절에 따라서 매일 달라집니다) 농장이나 공장과 같은 3D직업의 경우 현지인들도 기피하는 경향이 강해서 상대적으로 고임금을 받기 때문에 목돈을 마련하기에도 유용합니다. 높은 언어실력이 필요하지 않고 일과 이후 시간이 어느정도 보장되어있기 때문에 영어공부나 기타 부족한 부분이 있을 경우 보완할 수 있는 시간을 확보할 수 있습니다.

앞서 언급한 이야기들은 어디까지나 권유사항이며 절

대적인 부분이 아닙니다. 지인들 중에 농장경험을 통해서 좋은 친구들을 사귀고 목돈을 마련하며 원하는 바를 이룬 친구들도 많습니다. 다만 해외생활을 할 때 감수하지 않아도 되는 위험은 지나치는게 좋다는 생각으로 이야기해보았습니다. 같은 시간이라면 다른 현장을 통해서도 비슷한 경험을 쌓을수있을테니까요.

음식은 무엇을 먹나요?

가벼운 문제일수도 있지만 생각보다 해외생활에 질적인 부분을 크게 차지하고 이 이유 때문에 한국으로 돌아가는 이들이 많기도 한 음식에 관해서 이야기 해 볼까 합니다.

우선 한식만이 아니라 다양한 종류의 음식에 거부감이 없고 호기심이 왕성한 사람이라면 굳이 큰 문제가 아닐수 있습니다. 그리고 간혹 한국음식이나 한국적인 부분이 그리워지는 사람 역시도 크게 문제는 아닙니다. (요즘은 왠만한 시골 마트를 가더라도 마트 품목에 '신라면'정도는 구비되어있을정도로 한국의 위상이나 음식의 인지도가 퍼져있으니까요)

문제는 한국식으로 음식을 먹지않으면 식사가 곤란하거나 소화가 잘 되지않는 부분이 시간이 지나도 해결되지 않는 사람들에게 있습니다. (본인이 그런 경우인지 확인하기 위해서는 며칠동안 여기가 서양이라는 전제하에 식사를 해 보는 것도 방법입니다)

실제로 이런 친구들이 꽤 많고 인간에게 꼭 필요한 의식주 중에 식에 포함하는 부분이 제대로 해결되지 않는다면 다른 생활에 있어서도 의욕이 꺾이기 쉽상입니다. 이런 친구들은 어떻게 해외생활을 해야할까요?

추천하는 방법은 시외지 혹은 시골 쪽은 피하고 도시 쪽에서 생활을 해 나가는 것입니다. 요즘은 왠만한 대도시 중심으로는 한인타운 까지는 아니더라도 한인식료품 가게나 한국음식점들이 즐비해있기 때문에 도시 근방에 거주한다면 숙소에서 한국식으로 식사를 만들어먹거나 한국음식점에서 식사를 해결할 수 있습니다. 특히 호주의 시드니나 멜버른, 뉴질랜드의 오클랜드, 캐나다의 벤쿠버나 토론토 같은 도시는 이민자들이 터를 잡은 지 오래된 곳이라 도시 근방에 작은 한인타운들이 형성되어 있어서 한국에서와 같은 생활을 이어나갈수도 있습니다.

외곽지나 시골에서도 숙소에서 한국음식을 해 먹는건 준비한다면 크게 어려운 부분은 아닙니다만(식료품을 도시 근방에서 사서 돌아가거나 혹은 요즘은 현지한인업체 택배주문도 많이 이루어집니다) 지방 소도시에는 한인음식점이 거의 없을 뿐더러 있더라도 현지인을 주 대상으로 운영하는 가게이기 때문에 한국적인 맛이 많이 변화된 상태로 운영되는 경우가 대부분입니다.

위와 같은 부분을 차지하더라도 해외생활을 하게된다면 외국인친구들에게 대접할 수 있는 한국음식 몇가지 정도는 만들수있게 연습하고 현지에서 해당 조미료 등을 구비하는게 좋습니다. 해외 생활에 가장 큰 묘미 중의 하나는 다양한 문화를 체험하고 겪어보는 것인데 반대로 생각해보면 외국친구에게도 우리의 문화를 체험시켜줄수있는 기회가 될 테니까요. (파티나 친구초

대 등은 한국에 비해서 잦게 발생하는 이벤트이기 때문에 준비할수록 좋습니다. 다만 이 경우에는 외국인들이 싫어할 수도 있는 한국적 자극이 강한 음식들은 피해서 준비하는 것이 좋겠죠?)

쇼핑은 어떻게 해야 하죠?

사실 쇼핑을 즐기지 않아서 쓸 내용이 마땅치않지만 생활하면서 알게 된 기본정보만이라도 이야기해보려고 합니다.

해외 배우들이나 유명인들의 파파라치 사진을 본 적이 있으신 가요? 대게 (안 그런 경우도 많지만) 후줄근한 차림으로 동네를 돌아다니는 모습이 많이 포착되는데 이는 외국인들과 한국인들이 옷을 대하는 관점을 반영한다고 봅니다.

외국인들은 옷을 일종의 소모품으로 보고 몇 번 혹은 여러번 입고 버린다는 생각을 기본으로 가지고 있다면 한국인들의 경우 옷을 소장품 패션으로 여깁니다. 여기서 그 나라의 제품 퀄리티가 차이가 발생하는데 일반적으로 외국 옷가게의 상품들은 한국의 비슷한 옷가게의 옷보다 질이 떨어집니다. (이는 대부분의 워홀러나 유학생들이 동의를 표한 부분입니다)

다만 사치품으로 분류되는 명품들(구찌, 프라다 등등 그런 것들)은 동일한 제품인 것에 반해 가격은 20~30만원 정도가 더 저렴합니다. 때문에 여행객들이 많이 구매해가는 편이고 일부 사람들은 구매대행으로 용돈벌이를 하기도 합니다. (저의 경우 늘 그런 가게들 앞에 줄이 늘어서있는 것을 유유히 지나쳐가는 사람중 하나였습니다.)

요즈음에는 한국에도 종종 진행하지만 원래 외국의 행사인 박싱데이나 블랙프라이데이일 때 의류나 전자제품을 구매하게 되면 확실히 다른 때에 비해서 저렴하게 구매가 가능합니다. (그리고 기본적으로 애플 등의 제품이 한국보다 저렴합니다.)

호주나 뉴질랜드, 캐나다의 겨우 건강기능식품으로 유명한데 그렇다고 무조건적으로 저렴한 가격이라고 구매를 권하지는 않습니다. 한국에서 살펴보니 일부상품의 경우 대량구매를 통해서 한국이 더 저렴한 경우도 종종 보았기 때문입니다. 그렇기 때문에 현지에서 구매해야 하는 경우에도 인터넷 등으로 검색한 후 꼼꼼히 비교해서 구매하기를 권합니다.

미용실은 어디를 이용해야 하나요?

개인마다 다르겠지만 저의 경우에는 최소 한 달에 한 번 꼴로 미용실을 이용합니다. 머리에 무척 신경쓴다기보다는 모발이 직모라 주기적으로 다듬어주지 않으면 우스꽝스럽게 변하거든요. 그래서 외국에 있을 때도 무엇보다 저에게 맞는 미용실 찾는 게 꽤 큰 부분을 차지했습니다.

기본적으로 서양인들이 운영하는 샵을 가면 가격대가 높습니다. 인건비에 대한 비중이 크기 때문이라고 저는 생각을 하고 있어요. 아시아인이나 한국인이 운영하는 샵보다 대략 2~3배 정도의 가격이라고 보면 됩니다. 다만 분명히 알아둘 점은 가격이 실력과 비례하는 부분이 아니라는 겁니다. 시골에서 지낼 때 찾아갈 수 없는 아시아인 샵이 없어서 울며겨자먹기로 비싼 현지

샵을 갔던 기억이 있네요. 결과는 처참했고 다음부터는 결코 이용하지 않게 되었습니다. 같이 지내던 하우스 메이트 중에 외국인이 운영하는 샵에서 머리를 해보는 게 버킷리스트인 친구가 있었는데 실행에 옮기고 나서 돈은 돈대로 나가고 맘에는 도저히 들지 않아서 후회하더라구요. 일반화하기는 어렵지만 지인들의 경험이 대략 비슷했습니다.

미용하는 지인에게 물어보니 꼭 실력의 문제만은 아니라고 합니다. 기본적으로 동양인의 모발과 서양인의 모발, 모질 등이 무척 달라서 어려움이 있었을 거라고 합니다. 하지만 같은 동양인이라도 중국인이나 그 외 나라 사람들이 운영하는 샵에 가도 마음에 안 들기는 마찬가지였습니다.

저의 결론을 이야기해보자면 굳이 손질하지 않아도 된다면 외국에서는 손질하지 않는 걸 추천하며 그래도 정기적으로 미용실을 다니길 원하신다면 꼭 한국인이 일하거나 운영하는 샵에 가서 머리 하시는 걸 추천합니다.

한국으로 짐을 붙이고 싶으면 어떻게 해야 하나요?

한국에서 현지로 택배를 보낼 때 가장 편하게 이용하는 방식은 우체국 택배를 이용하는 방법일 것입니다. 대행하는 택배사가 나라별로 꽤 있지만 한국에서 현지로 보낼 때는 보내는 주체가 부모님일 경우가 많고 그렇지않더라도 한국에서 현지로 보낼 때는 우체국이 가장 신뢰할만하다고 할 수 있습니다.

그런데 말입니다.
현지에서 한국을 보낼 때도 같은 룰이 적용될 것인가. 하는 질문에는 아니요 라고 대답하게 됩니다. 해외생활을 조금이라도 해보신 분이라면 다들 공감하겠지만 한국을 제외한 나라의 관공서나 행정업무를 처리하는

능력은 절대 신뢰하지 않게 됩니다. (한국의 기관들을 욕하시는 분들도 많고 저도 가끔 욕하지만 비교대상을 외국으로 잡으면 절로 감사하게 됩니다.)

일단 관련된 업무를 한국처럼 고학력이나 숙련된 직업인들이 하지않는다는 점과 문제가 발생하여도 크게 컴플레인화되지 않는 점 등이 가장 큰 문제점이 아닐까 싶네요 (개인적인 생각입니다) 여러 사례를 차지하고서라도 제 개인적인 경험만 우편이 5개 정도, 택배가 2개 정도 허공으로 날라가서 어디로 사라졌는지 모르는 경험이 있습니다. (다행이 고가의 제품들은 아니었습니다)

그렇다면 어떤 방법이 좋을까요? 저는 도시 쪽에 자리잡고 있는 한인마트나 한인택배사를 이용하는 것을 추천합니다. 기본적으로 이런 서류처리나 통관 등의 업무를 포괄하는 모든 부분은 한국사람들이 잘하고 신뢰할만합니다. 저 역시도 한국으로 보낼 때 자주 이용했고 지인들도 모두 이용했으며 도착이 늦어지는 경우가 있다고는 들었지만 지인들 중에 전달이 되지않는 경우는 없었습니다. (다만 이 경우 항공으로 가는지 배편으로 가는지를 잘 확인해야 합니다. 배편으로 가는 경우에는 생각보다 긴 시간이 소요되는 경우도 많습니다.)

같은 장소에서 보통은 환전과 송금 업무도 같이 처리해주는데 이 때는 무조건 추천하고 싶지는 않습니다. 도시 내 기본적인 현지 환전소보다는 다소 우대가 되는 경우가 많긴 하지만 무조건적이지는 않습니다. 환전이나 송금의 경우 가장 추천하는 방법은 현지 커뮤니티 사이트에서 가장 많이 이용하는 방법을 사용하거나 안전이나 사기의 위험을 조심한다면 직거래가 가장 좋은 방법입니다. (호주나 뉴질랜드의 경우에는 '와이어베리'라는 인터넷 그리고 앱을 통한 환전이 가능했는데 일반 환전소보다 높은 환율과 적은 수수료 때문에 자주 이용하곤 했습니다.)

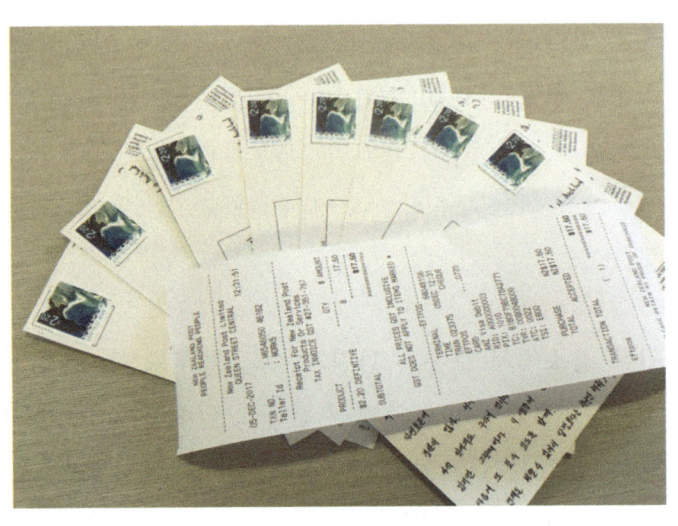

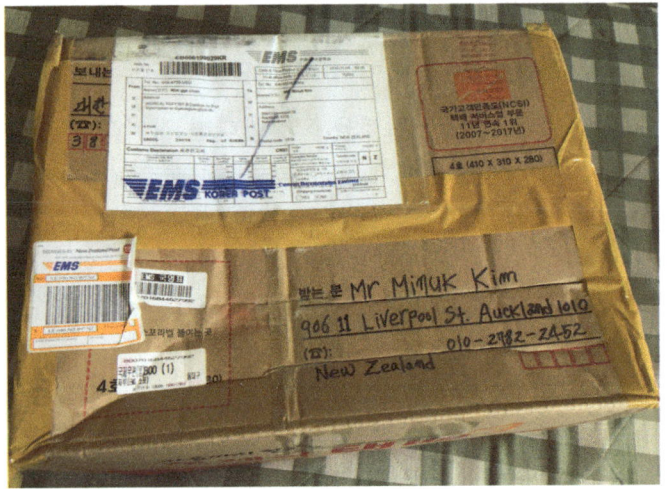

현지에서 어떻게 영어공부를 하나요?

반복해서 언급하는 내용이지만 해외생활을 하기 위해서 별도의 케이스 (자금이 넉넉해서 천천히 어학원을 다니며 언어를 향상시킨다던가, 어학원 자체에서 친구를 사귀는 것이 목표라던가)를 제외하고는 한국에서 어학능력의 기초를 완성시키고 해외로 떠나야 합니다.

간혹 해외생활을 하다보면 대화가 잘 진행되지 않는 점을 본인이 배운 영어의 방식과 현지의 언어가 다르다는데에서 이유를 많이 찾습니다. 일반적으로 한국의 교과과정에서 알려주는 영어의 방식은 미국식 영어인 경우가 대부분입니다. 때문에 호주식, 인도식, 영국식 영어권에 진입하면 새롭게 영어를 배워야하는 것마냥 이야기하는 경우가 많습니다. 또한 필리핀 등에서 어학연수를 좋은 성적으로 마치고 현지에 오는 경우에도 마찬가지입니다.

하지만 그와같은 이유를 적용한다면 호주인과 미국인, 영국인은 서로 의사소통이 안 되어야 정상일텐데 서로의 말투에 간혹 웃기도 하지만 기본적으로 의사소통에는 문제가 없습니다. 그들에게는 이 차이가 일종의 사투리와 표준말과 같은 느낌으로 다가온다고 합니다. (실제로 시골공장에서 일할 때 언어능력이 어느정도 갖춰진 상태임에도 불구하고 나이가 많으신 할아버지 할머니와는 소통의 어려움이 있었습니다... 아마도 짙은 사투리 때문이었겠죠)

단호하게 이야기해서 위의 이야기들은 일종의 변명과도 같습니다. 기본 언어실력이 탑재되어 있다면 금방 적응해서 생활해나가는데 어려움이 없을 것입니다.
그렇다면 현지에서는 어떻게 영어를 사용하며 실력을 다질 수 있을까요? 여러 책에서 자원봉사단체나 모임 혹은 지역커뮤니티장소 (외국의 경우 동네마다 도서

관이나 센터들이 많은데 그런 장소의 게시판에 소모임 활동이 많이 붙어있습니다)를 추천합니다.

다만 제 생각에 모든 건 본인의 선택의 문제인지라 기본적으로 플랫이나 쉐어하우스를 다국적 혹은 영어권 국가의 사람들이 머무는 장소로 구하고 일자리 역시도 마찬가지로 구한다면 별도의 활동없이 생활속에서 자연스럽게 영어가 익숙해지고 향상될 것입니다. (우리가 흔히 알고 있는 것처럼 외국인과 어울리다보면 잦은 파티와 식사자리가 자연스럽게 연결된답니다)

일자리에는 어떤 것이 있나요?

한국에서부터 쌓아온 전문적인 기술이 있다면 더할나위 없겠지만 그런 부분을 제외하더라도 외국에는 외국인이 진입할 수 있는 다양한 일자리가 많습니다. 다만 어느 직종의 경험이 충분하더라도 한국에서는 경력만 있으면 할 수 있었던 일이 현지에서는 별도의 자격증이나 이수증이 필요한 경우가 있으니 사전에 확인해보아야 합니다. (기본적인 방법으로 한국에 있을 적에 현지 일자리 사이트를 접속한 후에 동종 업계 구직요건 등을 참고한다면 도움이 될 것입니다)

별도의 경험이 없더라도 너무 걱정하지 않아도 됩니다. 특수한 직종이 아닌 이상 내국인이나 외국인의 고용에 차별을 두지는 않으며 오히려 한국인이라고 하면

근면성실의 대명사처럼 인지되어서 더 쉽게 고용되는 경우도 많습니다. (요즈음은 먼저 해외에 나간 사람들이 안 좋은 선례 등을 많이 남겨서 이미지가 많이 깎였다고 듣긴 했습니다만)

아무 경험이 없을 경우에 추천하는 몇가지 업종을 나열해보겠습니다.

우선 카페에서 일하는 것이 가장 유명하겠죠? 손님이나 동료들과 이야기 나누면서 일할 수 있기에 언어능력 숙달에도 도움이 되며 현지문화를 체득하기에도 더할나위 없습니다. 다만 한국에서도 그렇고 현지에서도 사실 바리스타는 경력직을 뽑는 경우가 대부분입니다. (한국과 다른 점은 한국에서는 자격증을 취득하고 면접을 잘 본다면 일하는데 문제가 없지만 현지에서는 자격증같은 건 신경쓰지 않습니다. 취업 의사가 있을 시 실제 테스트를 거치고 짧은 수습기간-트라이얼 기간이라고 부릅니다-을 거치고 본격적으로 구직이 완료됩니다)

그럼에도 너무 실망하지 않으셔도 됩니다. 한국과 다르게 외국의 카페는 단순한 커피판매점보다는 한국의 카페 + 식당의 개념인 경우가 대부분이며 카페 내에서도 다양한 직업이 있습니다.

카페의 규모에 따라서 다르지만 바리스타 직군을 제외하고도 [샌드위치 메이커] , [키친 핸드] , [디시 워셔] , [F.O.H] 등등 우리에게 익숙하지 않은 직업들이 있습니다. 샌드위치 메이커는 말 그대로 샌드위치를 계속해서 제조하는 역할이고 키친핸드의 경우는 주방보조 정도로 인지하고 있으면 됩니다. 디시워셔 역시 설겆이 담당. 낯선 단어인 FOH는 프론트 오브 하우스의 약자로 간단히 말해서 서빙 역할입니다.

위의 직군들은 규모에 따라 다르지만 경력을 크게 따지지 않으며 위에서 언급한 트라이얼 기간동안 괜찮은 모습을 보여준다면 구직에 문제가 없을 겁니다. 궁극적으로 바리스타라는 직군에 도전하고 싶더라도 위의 포지션들에서 경력을 쌓으며 틈틈히 커피 만드는 기술을 익힌다면 나중에 이직을 할 때는 바리스타로 취업을 할 수도 있겠죠? (외국의 경우 직장 내에서 괜찮은 대인관계를 유지한다면 매니저나 오너가 이직 시에 추천서 등을 써주는데 한국에서의 자격증이나 경력보다 오히려 이 추천서가 구직시에 효과가 좋습니다. 한국에서도 일했던 경력 중에 영문 추천서를 받을 수 있다면 챙겨두는게 도움이 될 것입니다.)

다른 일자리로 옷가게 등에서도 구직을 많이 하는데요. 이 경우 mbti 적으로 봤을 때 E인 사람이 취업하기가 용이합니다. 서비스 직이기 때문에 아무래도 먼저 다가가고 편하게 말거는 사람이 유리할 수 밖에 없습니다. 경력이 있다면 더 좋겠지만 (이왕이면 해외에서도 인지도가 있는 회사- 유니클로 나 hnm 같은 곳들) 없더라도 의사소통에 문제가 없다면 구직이 가능하고 실제로 주변 지인들 중에서도 해외 머무는 기간동안 일한 사람이 많습니다. (블로그 이웃님들 중에도 꽤 있지요)

사실 해외 생활 중에 가장 쉽게 접할 수 있는 곳이 한인 사이트 혹은 커뮤니티에서 구하는 구직글인데요. 무조건적으로 나쁘다고 하지는 않겠습니다만 평균적으로 봤을 때 현지 일자리보다 열악한 조건을 제공하는 경우가 많기 때문에 우선 순위를 뒤로 미루는 것을 추천합니다.

한국에 있으면서 언어공부를 할 때 이왕이면 내가 일해보고 싶은 직군의 경험을 쌓는 것도 좋은 방법이라고 생각합니다. 미용이나 커피, 요리 쪽의 경력이 1년 이상 정도만 있더라도 현지에서 취업하기에는 무척 수월하기 때문입니다.

이 외에도 한국에서는 없는 종류의 직업들 (미성년 아이들을 돌봐주는 릴리버나 오펜더 같은 직업)이 많기 때문에 사전에 현지 사이트나 검색을 좀 더 해보길 추천합니다.

To Whom It May Concern

Minuk Kim has been employed at KARA Coffee & Store for the past 6 months where he has proved himself to be a valued member of our team.

Minuk has filled the role as a Kitchen Assistant at KARA.

Minuk possesses wonderful qualities including, honesty, integrity, reliability and he always went that extra mile to assist anyone in need, whether it be our customers or his co-workers. He was a true team player. He has a friendly nature and has a sincere desire to help others and get on with any task he is given.

I thank Minuk for all his great contribution to our Café team and wish him all the success on his new venture.

Please contact me personally if you require any further information.

Yours sincerely

일자리 어떻게 구해야 하나요?

구직 방법은 크게 4가지로 나눌 수 있습니다.
(같이사용할수록 더 취업률이 올라갑니다.)

첫째. 소개받기

어쩌면 가장 확실한 정보를 얻을 수 있고 믿을 수 있는 방법입니다.
주로 같이 사는 쉐어메이트나 친구를 통해서 이어질수 있습니다. 이 경우 외국인 쉐어나 친구를 사귈 경우 그 외국인이 일하거나 같은 나라의 가게들에서 구인을 할 때 소개받기가 수월합니다. (한국인 쉐어를 하게 되더라도 쉐어메이트가 한국가게에서 일한다면 한국가게, 외국가게에서 일한다면 외국가게를 소개받을 수 있겠죠) 장점은 친구를 통해서 사전에 그 직장에 장단점등을 미리 파악할 수 있다는 것과 면접단계에서 비교적 수월하게 통과한다는 점입니다. 단점은 아무래도 소개를 받아서 들어갈 경우 친구에게 미안하지 않게 본인에게 실제로 맞지않더라도 최선을 다해줘야 한다는 것과 친구와 같은 직장일 경우 친구라고 마냥 편하게 지냈던 것보다 직장관계로 인해 다소 불편해질수 있다는 것입니다.

둘째. 거리를 돌아다니며 구인광고가 있는 곳에 이력서를 건내기.

제가 가장 좋아하는 방법이기도 하고 자주 썼던 방법입니다. 기본적으로 이력서는 미리 준비해둡니다. 그리고 외국을 구경한다는 생각으로 이거리저거리 관심있는 거리들을 둘러봅니다. 눈에 띄는 멋진 가게가 있다면 들어가 볼 수도 있고 근처에서 사진을 찍어도 좋구요. 요즘의 한국에서는 잘 붙여놓지 않지만 외국의 가게들은 여전히 구인을 할 때 출입문이나 눈에 띄는 위치에 구인 공고를 붙여두는 경우가 많습니다. 그런 가게를 발견할 때마다 일해도 괜찮겠다 싶은 가게들은 들어가서 간단히 소개를 하고 이력서를 건네줍니다.

개인적으로는 굳이 구인공고를 붙여놓지 않더라도 정말 맘에 드는 가게들은 당당하게 들어가서 이력서를 건네주고 혹시라도 구하게 된다면 연락달라고 이야기하곤 했습니다. 이 때 주의할 점은 가게가 바쁠 시간 때에는 가급적이면 접촉하지 않는 것입니다. 가게가 정신없이 바쁜 상황인데 이력서를 건네고 자기를 소개하는 시간을 내달라고 하는 건 오히려 부정적인 이미지만 심어줄 수 있기 때문인데요. 바쁜 시간이 시작되기 전이나 그 이후 시간에 도전하는 것이 좋습니다.

셋째. 인터넷으로 검색하기

요즘은 외국도 한국과 비슷하게 인터넷의 구인구직 사이트를 이용해서 채용을 많이 진행합니다. 어쩌면 한국사람들에게 더 익숙한 방법이기도 하고 굳이 대면하지 않아도 되기 때문에 편한 부분이 큽니다. 현지의 구인구직 사이트에 접속해시 공고를 잘 읽어본후 본인과 적합하다고 생각된다면 과감하게 남겨져있는 이메일로 이력서와 커버레터를 보냅니다. 아주 심플한 방법인데요.

개인적으로 이 방법에서 성공률을 높이는 방법은 위와 같이 이력서를 보내는데 더해서 같이 나와있는 주소에 찾아가 이력서를 한번 더 건네며 추가로 얼굴도장을 찍는 방법입니다. 어차피 웹 상에서 채용절차가 모두 끝나기 보다는 면접이나 트라이얼 기간으로 연결이 될 텐데 그 전에 적극적인 모습으로 다가가는 것을 보여준다면 한국에서도 외국에서도 플러스로 작용합니다.

넷째. 직업소개소 방문하기.

보통은 잘 모르는 방법이긴 한데 어느 정도의 규모가 있는 도시에서는 직업소개소가 있습니다. 보통 외국인을 대상으로 하기보다는 현지인들 중에 구직에 어려움이 있는 사람들을 지원해주는 장소인데요. 때문에 기본적인 가이드라인은 현지인을 우선으로 적용합니다. 다만 구인에 제한이 없고 급하게 필요한 일일 경우 관계없이 소개를 해주기도 합니다. 그리고 복지가 잘 되어있는 나라들은 생각보다 사람들의 구직활동이 활발하지 않기 때문에(일하지 않아도 충분한 여유돈을 국가에서 지급해 주어서) 비교적 수월하게 일을 구할 수도 있습니다. 국가에서 운영하는 경우 별도의 수수료가 들지 않는 경우가 많으나 사설의 경우 약간의 수수료가 발생할 수 있습니다.

이력서, 자기소개서는 어떻게 써야 하죠?

한국에서 아르바이트 혹은 직장에 다녀보았다면 이력서나 자기소개서를 쓴 경험이 있을 것입니다. (그렇지 않더라도 대학교를 들어가고 기타 여러 장소에서 구직 목적은 아니지만 쓴 경험이 있을 수도 있습니다)
한국과 다른 큰 특징 두가지는 사진을 첨부하지 않는다는 것과 나이를 굳이 언급하지 않는다는 것입니다. (한인가게의 경우 종종 요구하기는 합니다)

그 것 외에는 기본적인 큰 틀이 다르지는 않습니다.

첫째. 개인정보를 기입합니다.

이름과 현재 거주하고 있는 거주지 그리고 연락받을

수 있는 이메일주소와 핸드폰번호를 기입합니다. 추가로 현재 비자의 컨디션을 적습니다. 비자의 컨디션을 적을 때 머무를 수 있는 기간이 언제까지인지, 주에 얼마나 일할 수 있는지 (학생비자와 워킹홀리데이 비자 그리고 워크비자가 일할 수 있는 시간이 다릅니다. 관광비자로는 법적으로 일하지 못합니다.) 알려줍니다.

둘째. 원하는 포지션이나 지원하는 가게나 포지션에 대한 본인의 견해와 포부

원하는 포지션이 있을 경우 분명하게 밝힙니다. 그리고 그 포지션에 대한 경력과 혹은 열정 등을 알려주고 다른 가게들도 많지만 굳이 이 가게에 지원하게 된 이유를 적으며 가게와 해당 포지션에 대한 관심과 애정을 어필합니다.

셋째. 경력이나 학력

경력이나 학력이 있을 경우 기입합니다. 가급적 한눈

에 들어올 수 있게 기입하는게 좋습니다. 굳이 개인적인 생각을 적는다면 전문적인 포지션에 지원하는 것이 아닌 서빙이나 단순 업무 등에 지원할 경우 굳이 경력이 없다고 비워두기보다는 아주 간단한 경력 (예를 들어 학교 축제 기간 동안 단순한 서빙 업무를 했다던가)을 조금 부풀려서 적습니다.

커피를 해본적이 없는데 바리스타 경력을 거짓기입하면 충분한 문제가 될 수 있겠지만 반대로 서빙이나 단순 업무 등에 있어서 직관적으로 확인이 어려운 부분이 있을 경우 그 정도의 포장은 괜찮다는 게 제 생각입니다.

이 때 반대로 경력이 너무 많을 경우도 약간의 조정이 필요합니다. 제가 외국에서 보내던 마지막 시기 즈음이 이랬는데요. 커피나 요리 등의 경력이 가게에서 요구하는 것보다 지나치게 많아서 오히려 경력을 축소해서 적었습니다. 반대의 입장에서 선임바리스타나 쉐프가 새로 들어오는 신규가 본인보다 경력이 많고 일을 잘한다고 한다면 뽑기에 망설임이 생길 수 있기 때문입니다. 무조건 많다고 좋은 것은 아닙니다. 이력서라는 것은 결국 목표로 하는 곳에 들어가기 위해서 적는 것인데 본인의 경력 등이 오히려 마이너스로 작용한다면 제외하는 것이 맞겠죠.

넷째. 첨부가능한 문서 (자격증이나 혹은 추천서)

현지에서 커피나 음료관련 자격증을 취득했다면 복사해서 같이 첨부해도 좋습니다. 한국의 자격증이라고 해도 없는것보다는 좋으니 번역해서 상대방이 인지할 수 있게 한 후 첨부해도 나쁘지 않습니다. (다만 보통 자격증을 크게 고려하지는 않습니다. 외국에서는 경력이 중요합니다.) 그리고 이왕이면 이전에 일했던 곳에서 추천서를 받을 수 있다면 받아두는 것이 좋습니다. 전 고용주가 추천해준다는 것은 추천의 느낌과 경력보장이라는 느낌을 한 번에 줄 수 있으니까요.

추천서에는 현 고용주가 연락할 수 있는 메일이나 핸

드폰 연락처가 있으면 더 좋습니다. 저의 경우 제 밑에서 일했던 친구들 몇명에서 추천서를 써준 적이 있는데 종종 고용의사가 있는 매니저나 오너에게서 연락이 온 적이 있습니다. 그에 맞춰서 답변을 해주곤 했죠.

자기 소개서 즉 커버레터의 경우 이력서에 작게 포함시켜도 좋고 별도로 만들어서 동봉해도 좋습니다. 본인이 얼마나 자기자신을 어필할 수 있는지에 따라 달라지겠지요. 앞서 필수적인 내용들이 들어간만큼 굳이 장황할 필요는 없다고 생각합니다. 다만 이력서나 커버레터 모두 작성 후에 영어가 익숙한 지인에게 확인과정 정도는 거치는 게 좋습니다. 제가 친하게 지내던 외국인 매니저나 오너들은 종종 이력서의 가벼운 오타나 문장 오류 만으로도 이력서 자체를 거르는 경우가 있었기 때문입니다.

To. F&B Supervisor

Good afternoon, Dhakal.
I am Kim, Eunbi's ex supervisor.

Every time I thank Eunbi for all her great contribution to our Cafe team and wish her all the success on her new venture.

Eunbi has filled the role as a barista at Latte king. You don't worry about her barista skill. and She always went that extra mile to assist anyone in need, whether it be our customers or her co-workers. She was a true team player. She has a friendly nature and has a sincere desire to help others and get on with any task she is given.

I recommend you, Don't miss her.
She will have proved herself to be a valued member of your team.

If you have more question, Please contact me personally any further information.

Your sincerely

Minuk Kim

Certificate Of Career

No. 20171013-0022-01

Address			
Full Name	Kim Min Uk	Birthdate	1989/07/24
Department	Daegu Beomeo Zenith	Position	Shift Supervisor
		Responsibility	
Employment Period	Entry Date : 2015/05/29 Leaving Date : 2017/10/10		
Use of Certificate	For Reference		

This is to certify that the above
mentioned fact is true and correct.

인터뷰(면접)는 어떻게 준비해야 하나요?

구직활동을 하다보면 필수적으로 거치는 부분이 면접(인터뷰) 입니다.

사실 한국에서 알바나 구직을 할 때 보다는 부담감이 덜 할 수 있습니다. 왜냐하면 한국에서는 이력서를 내고 면접을 본 후에 계약서를 작성하면 자동으로 고용이 보장되게 됩니다. (특별한 사유없이 해고할 경우 사용자에게 페널티가 부담되게 됩니다.)

그렇기 때문에 면접에서 사용자가 더 신중하게 되고 까다롭게 절차를 만듭니다.
반대로 외국에서는 이력서 - 인터뷰(면접) - 트라이얼(수습) - 고용(계약서작성)의 단계를 거치기 때문에 고용주 입장에서는 면접에서 별다른 문제가 없다면 편하게 진행합니다.

그렇다고 마냥 편하게 접근하기 보다는 최소한의 준비는 하고 가면 되겠지요?
지원한 직무에 맞춰서 예상되는 질문들을 생각해보고 최소한의 답변을 준비해가면 좋습니다. 그리고 복장의 경우 깔끔한 셔츠차림과 단정한 바지(구멍 뚫리거나 반바지마 아니라면 청바지라도 상관없습니다만 무엇이 되었든 화려함 보다는 단정한 느낌이 면접에서는 좋습니다)와 운동화 정도면 충분합니다. 사실 이 부분의 경우 한국의 프렌차이즈에서도 그렇고 외국의 프렌차이즈에서도 기본적인 서비스 메뉴얼이 있는데 거기에 나와있는 부분입니다.

다만 약간 의아한 점은 실제로 카페나 음식점 그리고 간혹 레스토랑(격식을 갖춘 레스토랑에서는 정해진 복장이 있는게 룰이긴 합니다)에서도 직원들이 많은 피어싱을 하거나 편한 반바지차림과 편한 신발 등을 착용하고 일하는 모습을 자주 볼 수 있습니다. 때문에 위에 언급한 복장의 경우 추천하는 부분이긴 하나 무조건이라고 하기는 어렵네요. 그래도 업주나 매니저의 성향이 어떨지 모르고 기본적인 룰이 그런 것인만큼 안전하게 가는게 좋다고 봅니다.

외국에서 일할 때의 겸손함에 대하여

가벼운 팁이기도 하고 일하면서 느꼈던 점 하나를 꼽아보자면 외국에서 일할 때는 스스로를 너무 낮추지말고 지나친 겸손을 지양하는 게 좋다는 것입니다.
예로부터 한국에서는 일하면서 겸손함을 미덕으로 여기곤 했는데요. 요즘의 한국에서도 그렇고 외국에서 일할 때는 좀 더 과감할 필요가 있습니다. 이 때 무례하거나 건방지라는 건 아닙니다. 하지만 본인의 직장 내에서의 역할이나 가치 정도를 꾸준히 제 3자화하여서 판단하라는 조언을 하고 싶습니다.

한국인들은 외국에서 일을 할 때 습관적으로 튀지 않기 위해 스스로의 권리를 적절히 주장하지 못합니다. (예전 오바마 대통령이 한국방문 시 기자회견에서 한

국기자들에게 질문하라고 했지만 아무도 지원하지 않아서 외국기자들에게 기회가 넘어간 적이 있었죠)

외국 생활하면서 유난히 아쉬웠던 부분은 똑같이 직장에서 중요한 역할을 맡고 어떻게 생각하면 더 유능하게 일하는 친구들이 스스로의 권리를 주장하지 못해서 다른 직원들이 받는 혜택이나 임금인상을 받지 못하고 더 낮은 대우로 일을 계속 한다는 것입니다. 외국인들은 물론이고 같은 한국인이라도 어렸을 때부터 외국에서 살았던 친구들은 구직 후 어느 정도 시간이 지나면 당연하다는 듯이 임금인상 등을 요구합니다. (특히 3개월 정도가 지났을 때) 그들에게는 이런 부분이 당연한 권리라고 생각하는 것이고 고용주도 그렇다고 느끼는지 대부분 문제가 없다면 약간이라도 조건이 좋아지는데요.

반면에 유학생으로 있거나 워홀 등으로 한국에서 살다가 온 친구들의 경우 그런 권리 주장을 하는 데에 대부분이 소극적입니다. 취업 한 것만 해도 다행이지 라는 생각도 있고 괜히 그런 주장을 하는 것이 지나치다는 생각 때문인데요.

무조건적으로 권리 향상을 주장하라는 것이 아닙니다. 다만 앞에 언급한 것처럼 꾸준히 직장 내에서 본인의 가치와 비슷한 정도의 노동을 하는 친구들이 받는 대가 등을 확인하고 거기에 맞추어서 스스로의 권리 주장을 할 필요가 있다는 것이고 그와같은 행위가 당연하다는 인식을 가질 필요가 있습니다.

비자를 연장하려면 어떻게 해야하나요?

외국에서 머무르다보면 비자 만료가 다가올 때 보통 두가지로 반응이 나닙니다.
첫째는 얼른 한국으로 돌아가서 편한생활과 보고싶은 사람들을 보고 싶다는 것과
둘째는 외국생활이 이제 재밌어졌는데 마무리하기에는 너무 아쉽다는 반응.

첫번째의 경우에야 얼른 돌아가면 그만이지만 두번째의 경우에는 추진할 경우 몇가지 방법을 생각해보아야 합니다.

-관광비자인 경우

이 경우에는 옵션이 다양합니다.

우선 나이가 만 30세 이하일 경우 워킹홀리데이 비자를 신청할 수가 있습니다. 나라에 따라 신청시기나 인원이 제한되기 때문에 생각하고 있다면 사전에 충분히 조사해서 지원할 수 있도록 합니다. 호주의 경우 제한 없이 지원이 가능하니 참고하시면 됩니다. 다만 나라에 따라서 자국 내에서는 지원이 불가능하거나 신체검사 등의 제한이 생길 수 있기 때문에 사전에 확인해야 합니다.

그리고 워킹홀리데이보다는 공부를 좀 더 해보고 싶은 사람들은 학생비자로 신청할 수가 있습니다. 이 때 관련기관에 본인이 직접 지원하면 유학원을 통해서 지원하는 것보다 당연히 저렴하다고 생각할 수 있지만 꼭 그렇지는 않습니다. 학교/학원과 유학원이 제휴를 맺어서 더 낮은 가격에 상품을 준비하기도 하고 장학금 등을 별도로 지원하기도 하기 때문이죠.

-워킹홀리데이 비자인 경우

이 경우 근처의 타국을 나갔다가 들어올 경우 관광비자로 전환이 원칙적으로 가능하긴 하지만 출입국 시에 담당자가 불법체류나 다른 목적으로 들어오는 것으로 여기고 출입을 제한할 수도 있습니다. 현실적인 방법으로는 사전에 준비해서 세컨드 비자를 준비하던가 학생비자를 신청하던가 혹은 워크비자를 신청하는 것입니다.

워킹홀리데이의 경우 뉴질랜드나 호주의 경우 도심지가 아닌 외지에서 일하며 현지인이 기피하는 업종에 종사할 경우 비자 연장을 할 수 있는 자격을 줍니다. 요건으로는 그 산업에서 3개월 이상 일을 해야하며(풀타임으로) 고용주로부터 기간과 시간을 채워서 일했다는 서류폼을 획득해야 합니다. 보통은 시골의 농장이나 공장 등에서 종사할 경우 획득할 수 있습니다. 다만 뉴질랜드의 경우 연장해보아야 3개월이라 사실 큰 이득은 없습니다. 호주의 경우 1년 연장이 가능하고 지속되는 시골 노동력부족 현상 때문에 추가기간을 일한다면 총 3년의 기간동안 위킹홀리데이를 즐길수있게 서드비자까지 제공하고 있습니다.

학생비자를 신청할 경우 관광비자의 경우와 마찬가지로 유학원을 통해서 진행하는 것을 추천합니다.
워크비자의 경우 획득할 경우 3년 정도의 기간이 보장되지만 요건에 있어서 업종에 따라 경력이나 준비해야 될 서류가 달라지기 때문에 사전에 확인 후 신청해야 합니다. 또한 워크비자인만큼 비자기간동안 정해진 고용주 밑에서 계속 일해야한다는 단점도 있습니다.

-학생비자인 경우

학생비자인 상태의 경우 나이 제한이 넘지 않은 한 워킹홀리데이비자를 신청할 수 있습니다. 관광비자로 전환할 경우 앞에서 언급한 것과 같은 이유로 출입국에 제한이 있을 수 있습니다. 워크비자의 경우에도 위와 같지만 학생비자의 경우에는 학업과 기간에 따라서 졸업생 비자 등과 같이 별도로 신청할 수 있는 비자들이 있습니다. 본인의 업종과 전공에 따라서 확인할 수 있도록 합니다.

다른 비자와 다르게 학생비자를 다시 연장하려고 한다면 주의할 점이 있습니다. 본인이 현재 신청한 학생비자보다 더 높은 등급의 학생비자를 신청해야 접수가 된다는 점입니다. 어학과목의 경우에도 마찬가지지만 전문분야의 학생비자의 경우 level 3단계의 학생비자 상태라면 분야가 달라지더라도 level3의 단계를 신청할 경우 반려가능성이 큽니다. 반대로 level4이상의 학업을 신청한다면 하자가 없다면 받아들여지는 식입니다. 참고해주세요.

해외생활을 마무리하며

은행계좌와 유심은 어떻게 폐지해야 하나요?

해외생활을 마무리할 즈음에 실행해야 할 부분으로 계좌해지 및 휴대폰해지가 있습니다. 두가지는 몇 가지 경우를 제외하고는 굳이 해지하지 않아도 상관은 없습니다.

계좌의 경우 , 매달 계좌유지비가 들어가는 계좌의 경우 해지하지 않을 경우 잔액이 없어도 마이너스 형태로 남습니다. 계속해서 적자가 쌓이는 것은 아니고 어느정도 한계선에 도달하면 자연스럽게 계좌가 해지됩니다. 다만 추후에라도 같은 나라에 돌아와서 생활하게 되고 계좌를 다시 개설할 경우에 의도치않게 생긴 적자를 갚아야 하거나 해당은행에 대한 이용이 제한될 수 있습니다. 그 외에도 자동차보험이나 기타 자동이

체를 신청한 것들에 대하여 개별적으로 해지하는 것이 가장 좋지만 계좌를 해지하게 되면 더이상 차감이 되지 않아서 자동으로 해지되는 역할도 기대할 수 있습니다.

휴대폰의 경우에도 대부분 프리페이드(선불제) 요금제를 사용하기 때문에 더이상 충전하지 않는다면 자동으로 해지되게 됩니다. 다만 유학생이나 장기 거주자의 경우 우리나라의 약정과 같은 요금제를 선택할 수 있는데 이 경우 별도의 해지 과정을 거치지않으면 지속적으로 출금이 이루어집니다. 신청할 때 지정한 신용카드로 지속적인 출금이 이루어지거나 혹은 정해진 기간이 도래하지 않았는데 출금을 할 창구를 다 없애버린 경우 위에서와 같이 개인 신용에 문제가 생길 수 있습니다.

머물던 집은 어떻게 정리해야 하나요?

해외생활을 하다가 마무리할 즈음이 되면 대부분의 경우 생각보다 짐이 많습니다. 굳이 한국에 가져갈 짐들은 아니고 현지에서만 필요해서 (전기담요, 포트기 등과 같은 생활필수품) 구매한 제품들인 경우가 많습니다. 떠나는 날이 급박할 때까지 방치하고 있다가는 공짜로 살던 집에 기부하던가 헐값에 넘겨야 하는 상황이 많기 때문에 최소 한 달 전에 개인 물품들을 점검하고 처리할 물품들을 미리 중고로 거래하도록 합니다.

단순히 쉐어하우스에 지낸 것이 아니라 렌트를 했을 경우에 두가지 방법이 있습니다. 첫째는 렌트 당시의 컨디션으로 복귀시킨 후 계약을 종료하는 것입니다. 때문에 이왕이면 사전에 계약을 진행할 때 귀국 시기에 맞춰서 계약하는 것이 좋겠죠. 거주하면서 계약했던 가스나 전기, 인터넷 등도 사전에 해지를 해야 합니다. 마무리 청소의 경우 집주인과 이야기를 맞추어서 직접 진행하거나 별도의 청소업체 및 청소비 납부를 하면 됩니다.

두번째 방법으로는 테이크 오버 , 쉽게 말해서 다른 사람을 구해서 갖춰둔 가구나 집기 등을 통째로 넘기는 방법입니다. 이 경우 사전에 집주인에게 테이크 오버 할 것이라는 이야기를 맞춰두어야 합니다. 정리해야할 짐들이 많지 않을 경우에는 첫번째나 두번째나 상관이 없지만 렌트해서 장기간 거주할 경우 아무래도 전자레인지나 침대 등 기존에 없던 옵션이지만 생활필수품이라 갖춰둔 제품들이 많을 것입니다. 이와 같은 것들을 별도로 처분하는 것이 너무 번거롭기 때문에 적당한 가격대와 합의만 갖춰진다면 테이크 오버도 좋은 방법입니다.

이와같은 절차들은 종종 변수들을 동반하기 때문에 가

급적이면 한국으로 짐을 미리 보내고 간소화한 후 귀국하기 한 달 전에 마무리하는 것이 좋습니다. 한달 동안은 여행을 다니거나 다른 숙소에 임시 거주를 하는 방식으로요. 보증금이나 기타 금전적인 부분이 현지계좌로 진행을 해야하는데 급박하게 진행할 경우 본인이 귀국하고 나서 상대방의 행동을 기다리는 등의 행동을 취할 수 밖에 없어지기 때문입니다.

세금 환급은 어떻게 해야 하나요?

세금환급은 사실 한국에 와서도 신청할 수 있습니다. 다만 한국에서 신청할 경우 현지계좌를 계속 활성화시켜놓은 상태로 두거나 별도의 수표로 처리해야하기 때문에 번거롭기도 하고 시간도 훨씬 오래걸립니다. (6개월 정도까지 걸리는 경우도 보았습니다)

가장 간편한 방법은 사전에 일을 미리 마무리해놓고 현지에서 미리 신청해놓고 수령까지 마친 후 귀국하는 것이고 ('일 – 여행'의 루틴이라면 간편하겠죠) 사정상 생활 마지막까지 일을 해야한다면 위에 언급한대로 현지계좌로 수령하거나 별도의 수표로 받아야 합니다.

사실 정상적인 업체에서 정상적인 노동 및 소득신고가

이루어진 상황이라면 크게 어려울 게 없어서 인터넷이나 유튜브 등을 찾아보고 셀프로도 가능합니다.

인터넷을 검색해보면 나오는 프로그램에 본인의 자료를 넣었을 때 예상 환급금이 나오는데 이 때 소득이 예상보다 많을 경우 환급이 아니라 반환을 해야하는 경우도 있습니다. 때문에 조기에 본인이 환급가능한 상태인지 우선 확인해야 합니다.

기본적으로 외국에서 일을 할 경우에는 실물로든 이메일이든 페이슬립이라는 주급표를 받는데 신청시에 필요합니다. 다만 이런 모든 절차가 번거롭고 약간의 수수료를 내더라도 편하게 환급금을 돌려받고 싶을 경우 회계사에게 요청하면 간편하게 진행이 가능합니다. (일반적으로 현지 회계사보다는 한인회계사들이 관련 사정에 밝기도 하고 비용도 저렴한 편이기 때문에 관련 검색 후 비교해보면 좋습니다.)

외국인 친구와 연락을 이어갈 수 있을까요?

예전에 처음으로 해외생활을 할 즈음에는 외국친구와의 연락수단이 지금보다는 많이 없었습니다. 그 당시에도 스마트폰을 들고다니던 시대였지만 한국의 젊은 이들과 다르게 외국에서는 여전히 2G폰을 들고다니는 이들이 남녀노소 불구하고 많던 시절이었습니다. 현지에서도 카톡이나 메신저의 기능보다는 문자나 전화로 소통하는게 대부분이었죠.

그 당시에도 페이스북이나 관련 메신저, 많이 친해진 친구 같은 경우 한국의 메신저를 다운받아서 한국에서도 꾸준히 연락이 가능했습니다. 요즘에는 외국을 나가도 대부분 스마트폰을 가지고 있고 SNS소통 창구 역시 다양하게 많아졌습니다. 편지를 주고받는 감성이야 예전만 못하다지만 외국에서 교류했던 친구들이 여전히 한국의 이웃친구처럼 근황을 접하고 '좋아요'를 누를 수 있는 환경이 된 것이죠.

때문에 직접 대면이 힘들 뿐이지 연락은 얼마든지 주고받을 수 있는 세상이 된 것입니다. 한국에서도 계속 연락하는 친구와는 편하게 연락하지만 어느순간부터 멀어지는 친구들이 있는 것처럼 외국인친구와의 관계도 같습니다. 이제는 친구관계를 유지하는데에 지리적으로나 물리적으로 영향을 받는 부분이 적어졌다고 봅니다.

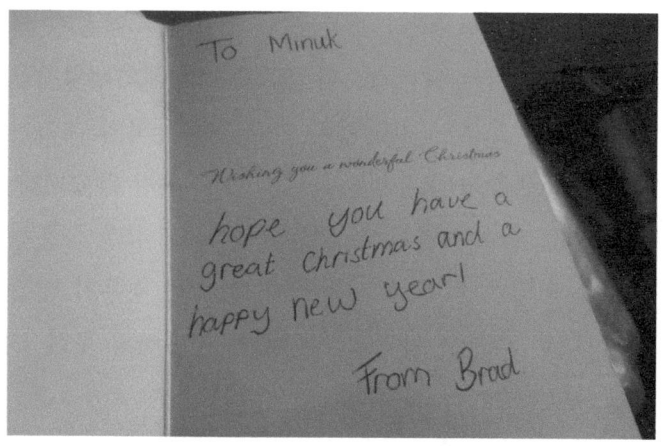

해외경험이 취업에 도움이 될까요?

워킹홀리데이나 외국생활을 한 것이 인생에서 휴가나 놀이의 시간이라고 여기는 경우가 많습니다. 때문에 다들 관련 부분을 이력서나 자기소개에서 마이너스 요소라고 생각하고 제외하고 기입합니다.

정말로 그럴까요? 이 부분은 해외생활을 어떻게 보냈는지에 따라서 달라집니다. 많은 수의 해외생활자들이 현지에서도 한국인들끼리 어울리며 한국의 대학가 앞에서 노는것처럼 흥청망청 보내는 경우가 많습니다. 혹은 한국에서 경험할 수 없는 카지노나 기타 유흥성 요소들에 많은 시간과 돈을 보내고 오는 경우가 많습니다. 이런 부분은 당연히 타인에게 떳떳하지 못한 부분입니다.

하지만 처음에 계획했던 것처럼 혹은 그 이상의 경험적 가치를 충분히 해외생활 중에 누리고 왔다면 주눅들지말고 당당하면 됩니다.

지금 우리 사회는 스토리텔링의 시대입니다. 양질의 경험을 같이 했을 경우 이 경험이 가치를 가지냐 가지지 못하냐는 본인이 서술하는 이야기에 의해 좌우됩니다.

본인이 해외생활을 하기 전에 준비했던 (어학이나 관련 자격 등이 있을 수 있겠죠) 부분과 현지에 도착해서 시행착오를 거친 일들 (구인을 하면서 수없이 퇴짜맞은 경험 혹은 충분히 준비해서 한 번에 붙게 된 팁 같은 것들) 그리고 그 모든 과정과 과실을 경험하고 돌아와서 단단해진 자신을 어필하면 됩니다. 어떻게 보면 해외생활이라는 하나의 큰 프로젝트를 서술하는 느낌이면 좋겠죠? (이 경우 고생이 심하면 심할수록 더 자부심을 느낄 필요가 있습니다. 구직이 어려워서 쉽게 구할수있는 한인잡이나 청소일 같은 종류를 해서는 당당하게 어필할 수 없습니다.)

경험이라는 자산은 객관적인 지표로 측정할 수 없습니다. 다만 스스로가 자신의 경험을 하잘것없는 것이라고 단정지을 경우 타인도 그 자산을 높게 평가하기는 힘듭니다. 반대로 스스로 경험이라는 자산을 가치있게 여기고 관련되어서 파생된 기술들을 보여준다면 충분히 경쟁력있는 자산이 된다는 것을 알아야 합니다.

해외에서 다시 일하고 싶은데 방법이 있을까요?

귀국 후에 한국에서 계속 생활할수도 있지만 다시 해외로 나갈수도 있습니다. 찾아보지 않으면 해외취업은 다른 사람 이야기같겠지만 조금만 찾아본다면 해외취업의 기회가 굉장히 많다는 것을 알 수 있습니다.

이 경우에 단순히 외국 이라는 모호한 틀 보다는 목표하는 바를 가능한한 축소시키는 게 좋겠죠. (목표하는 나라나 언어권을 지정하고 알아보는 것입니다)

쉽게 찾아볼 수 있는 방법은 외교부에서 운영하는 한국워킹홀리데이 인포센터라는 곳에 해외취업 부분입니다. 나라별로 직무별로 다양하게 나와있습니다. 자신과 관련된 전공이 있다면 거기에 추가로 최소한의 조건만 갖추면 보장된 상황에서 취업이 가능합니다. 만약에 관련된 전공이 아니거나 학력이 없더라도 너무 걱정할 필요는 없습니다. 취업프로그램 자체에서 일정 기간 교육을 진행한 후 보내주는 방식도 존재합니다.

그 외의 루트로는 현지사이트에서 원하는 직무를 검색하고 외국에서 진입할 수 있는지 방법을 찾는 것과 한국의 현지 유학원 등을 검색하다보면 구인구직을 연결시켜주는 경우도 많습니다. 이 외에도 독자적을 운영하는 인스타그램 계정이나 블로그 , 취업연계 사이트들도 많습니다. 다만 이 경우에는 운영하는 주체가 보장되지 않은 만큼 무턱대고 믿고 맡기기 보다는 사전에 따져보고 비슷한 경우로 해외생활을 하고 있는 사람이 있는지 가능하다면 연락해서 검증 작업 등도 동시에 진행해야 합니다. (개인의 안전에 있어서는 아무리 조심하고 강조해도 지나친 것이 아닙니다)

해외생활을 준비하는 친구들에게...

가게를 운영하면서 틈틈이 썼던 기록들이 어느새 이렇게 쌓여서 한 권의 책이 되었습니다. 쓰면서도 너무 흔한 내용이라 어쩌면 당연한 내용을 언급하는 것 아닌가하는 생각에 종종 사로잡히곤 했습니다. 다만 그럴 때마다 가게에 자주 찾아와서 사소한 해외관련 이야기라도 재밌어 하고 새로운 지식으로 맞아주던 저의 고객들을 떠올리며 글을 이어 나가게 되었습니다.

여기에 나오는 내용들은 어쩌면 인터넷을 검색해보면 조금 다르게 나올 수도 있고 보다 자세하게 나올 수도 있습니다. 저 역시도 쓰면서 보다 더 자세하게 쓸 수 있는 부분들이 많았지만 언급하는 정도로 넘어간 것이 많습니다.

왜냐하면 그런 내용들은 매년 바뀌는 내용들이라 매번 책을 갱신해서 쓰지 않는 이상 바뀔 수밖에 없는 내용들이기 때문입니다.

저는 이 책을 일종의 방향지침 정도로 여겨주었으면 좋겠습니다. 인터넷, 나아가서 요즘에는 챗 GPT라는 인공지능의 역할이 커지는 세상이 되었습니다. 더 이상 한 개인이 가지고 있는 지식은 인공지능을 쫓아갈 수 없는 시대에 살고 있다고 할 수 있죠. 이런 때에 그저 모든 일자리가 미래에 대체가 되어 내가 설 자리가 없어질 거라는 생각을 하기보다는 내가 원하는 목표가 있다면 인터넷이나 인공지능을 잘 이용해서 달성하는 사람이 되어야 합니다. 인터넷이든 인공지능이든 많은 지식을 가지고 있지만 공통적인 특징은 목적성이 없는 지식들이라는 것입니다. 미래에 성공은 목적성을 가지고 인터넷이나 인공지능을 수단으로써 다루는 사람이 차지할 것이라 생각됩니다. 기업에서도 물론 그런 인재를 원합니다.

여러분이 이 책을 지침 삼아 인터넷 등의 지식을 활용하여 해외생활이라는 성공적인 프로젝트를 달성하고 당당히 개인의 포트폴리오로 만들길 바랍니다.

혹여 책을 읽고 해결되지 않은 의문이나 더 알고 싶은 점이 있다면 언제든 메일로 문의해주길 바랍니다. 작은 도움이라도 될 수 있다면 저에게도 큰 기쁨입니다.

seruin8@gmail.com

꿈꾸던 해외 , 잠시만 살아볼까

1판 1쇄 찍음 2023년 11월 24일
1판 1쇄 펴냄 2023년 11월 31일

기획자   김민욱
지은이   김민욱
펴낸이   김민욱

펴낸곳   헝그리북스
등록번호 제 513-2023-000015 호
등록주소 38654 경상북도 경산시 대학로9길 8
전화번호 2782-2452
전자메일 seruin8@gmail.com

ISBN   979-11-984008-7-1 13980

* 책값은 뒤표지에 있습니다.